国际关系学院中央高校基本科研业务费专项资金资助（Supported by Fundamental Research Funds for the Central Universities, University of International Relations，项目编号3262019T27）

我国地震保险法律制度研究

夏庆锋　著

法律出版社
LAW PRESS·CHINA

目录

绪 论

地震是地壳快速移动过程中释放能量而造成的地表振动,具有发生无规律、造成损害大的特点。我国地处欧亚地震带和环太平洋地震带两板块之间,由于两大地震带经常相互作用,地震灾害频繁发生。保险是人类社会应用最为广泛的风险转移和管理工具之一。按照施莱辛格和多尔蒂的定义:在一个不确定的世界,如果存在一个风险市场,能使个体在任意自然状态下,在将要或可能遇到的各种危险及事故时,以一整套完整的保障体系弥补或预防造成的经济损失,这就是完全的保险市场。风险与保险是一对孪生兄弟,自然灾害风险孕育并催生了最早的自然灾害保险思想和原始的保险方法。因此,利用地震保险可以作为预防地震灾害及赔偿地震灾害损失的有效措施。

地震保险不同于一般商业保险,仅仅依靠现行《保险法》和其他民商事法律并不能很好地进行规制,要利用国家政策的支持,建立并完善地震保险法律制度,实现由个人、保险公司、地震委员会、国家形成的地震灾害防治体系。《地震保险法》等法律制度的制定与颁布促使形成地震风险分散机制和损害分摊机制,减少国家在地震灾害的财政支出和民间捐款的压力,为居民住房等其他家庭财产提供保障,提高灾害恢复能力和国家灾害应急处理能力,促进国家经济发展,维护社会稳定。

本书的写作主旨在于通过对地震保险及相关法律制度的研究,构建地震保险法律制度体系,进而提升自然灾害风险管理水平,提高国民保险意识,并创新保险理论。具体包括以下内容:

第一,完善我国风险安全管理。地震灾害作为巨灾的一种,不仅影响经济发展,还会破坏社会安定。在国家综合实力不强又面临多灾多难时,地震等自然灾害的发生及造成的大规模饥荒与疾病、经济发展停滞等情形对社会稳定产生很大的冲击。确保经济的持续性发展和国家的长治久安要求人们认识并不断改善地震风险管理制度,需建立地震保险法律制度并向整个国家普及,是我国现阶段亟需解决的社会经济发展问题。

第二,提高全民族的保险意识,促进和谐社会的建设。制定地震保险法律制度,尤其是关乎国计民生的住宅、基础设施等专项保险,在灾害发生后,保险公司可依据地震保险法律快速开展地震赔偿工作,及时为人民群众提供灾害损失补偿,减轻巨灾事件对人民群众生活的影响,促进灾后生产生活的迅速恢复。地震保险涉及千家万户,在地震灾害常发地区,根据法律法规实施强制保险。符合条件的公民都要参加保险,这有助于全民保险意识的提高,有助于进行灾后重建,有助于国家经济发展和社会稳定并促进和谐社会的建设。

第三,创新地震保险理论,促进保险业健康发展。研究地震保险法律制度必然要开展对地震保险理论的研究和实践,这有利于冲破风险可保性“经典定义”的教条桎梏,重新定义风险可保性现代理论,从而回答地震保险在实践中碰到的问题,完善地震保险法律法规,并丰富地震可保性的理论体系。研究地震保险法律,有利于金融产业的创新,尤其是与地震风险相关的保险产品创新,满足被保险人转移巨灾风险的需求,促进现行保险产品与地震保险产品、银保产品的融合等,确保金融安全,促进保险业全面健康快速发展。

建立地震保险法律制度体系,需要对政府主导功能、地震保险的投保费率、最高赔偿限额、地震保险合同的特殊性等问题进行深入研究,需要通过立法建立一个包括地震保险再保险、地震债券、地震彩票等内容的多层保护体系。我国未来的地震保险法律制度应包括确定政府的主导作用、建立地震保险专项基金、科学厘定地震保险费率、确定地震保险险种、建立有效的损害分摊机制、规范损失评估方法和设定最高赔偿限额等内容。

第1章 地震保险法律制度之形成发展

地震灾害风险具有不确定的损失概率和规模，与其他类型灾害相比有其自身的特点，因此不能仅依赖于国家财政和民间捐助来弥补灾害损失，需要保险公司加入共同分担损失，而保险公司的加入实际上是将整个社会的资源进行优化分配。[1] 但是，不同于其他保险承保对象，地震灾害一旦发生将造成极大损失，地震保险与一般商业保险存在很多不同点。传统保险法理论是地震保险法律制度产生与发展的基础，而国家政策支持和政治导向则是该法律制度的独特之处。[2]

---

〔1〕 See Erik Banks. Catastrophic Risk: Analysis and Management. Wiley Finance. 2005, p. 130.

〔2〕 参见隋祎宁：《日本地震保险法律制度研究》，吉林大学2010年博士学位论文。

1.1 现代意义上的地震保险与特征概述

1.1.1 何为地震灾害及其包含的特征

地震是指陆地岩层板块的一次快速移动或错位,一般会沿着断层线发生。断层线,也就是地球表面岩层滑动形成的断层。这种移位或断层会形成能量,自震源通过断层平面的释放,造成自震源向外传导的地震波。地震波可被归类为体波(地球的)或面波。

地震是地壳活动的一种正常形态,远远早于人类出现就已存在。[1] 地震是一种造成人员伤亡最为严重的巨灾。1556年1月23日发生在中国陕西华县的8级地震,造成的死亡人数高达83万人。[2] 地震发生频率非常高,与刮风、闪电、下雨一样,属于地球的自然现象。根据Munich Reinsurance的统计结果,在20世纪下半叶,全世界总共发生234件巨大天然灾害,地震为68件,排名第二。这68件巨大的地震灾害包括了1905年4月4日发生在印度克什米尔的8.6级地震,1923年9月1日日本东京8.2级地震,1939年1月25日智利奇廉8.3级地震,1976年7月28日中国唐山7.8级地震,1989年10月17日美国旧金山6.9级地震等,都造成极为严重的损失。[3] 地震灾害特征明显,如上文所说的高发性,如广分布性,几乎全球任何地域都有可能发生地

---

〔1〕 从印度东部的沉积岩分析中推论,这种极老的灾害早在16亿至21亿年前地球史上就发生过。《沉积地质学》杂志上的报告显示:来自印度、日本和波兰等国的科学家对印度东部的沉积岩进行了分析,在16亿至21亿年前的沉积岩层中发现了1公里深的罕见岩层。这是地球史上已知最早的地震记录之一。德国慕尼黑大学地质系博士后Rajat Majumdar认为这些岩层中有过去从未提到过的变形现象,这些现象只能解释为地震引起的。参见李文娟:《与巨灾风险博弈》,武汉大学出版社2009年版,第11页。

〔2〕 参见李文娟:《与巨灾风险博弈》,武汉大学出版社2009年版,第20页。

〔3〕 参见傅征祥、李革平:《地震生命损失研究》,地震出版社1993年版,第10~23页。

震,高强度和高致害性也是地震灾害较为显著的特点。

(一)广泛性

我国地处环太平洋地震带和欧亚地震带之间,对于地震活动分布的空间特征,专家学者们已经做了大量研究:依据地震活动、新构造运动等划分了中国地震区、带,即将中国划分为10个地震区、23个地震亚区和30个地震带。[1]

中国的地震主要分布在台湾、西南、新疆和华北等地区,不同的地区有不同的形成原因。我国地震灾害最为活跃的地区为台湾省及周边海域,原因是该地区位于两大板块的边界,地壳活动频繁;西南地区的地震带包括两大高原(川滇高原和青藏高原)的青海省部分和川滇的西部区域,特别是近几年来四川和青海地区的地震活动极为频繁,是中国地震活动最强烈的地区之一;新疆地震构造区是中国强震多发区之一;华北地区的地震构造是中国地震构造研究最细的地区。[2]

我国的地震带覆盖了我国所有的疆土和海域,几乎每个地区都面临地震的风险。[3] 理论上不太容易发生地震或强震的地区往往也会发生地震,我国地震风险具有相当的广泛性。[4]

(二)严重性

地震灾害一旦发生,将释放出巨大的能量,极具破坏力。[5] 地震

---

〔1〕 参见邓起东、张裕明、环文林:《中国地震烈度区划图编制的原则和方法》,载《地震学报》1980年第1期。

〔2〕 参见魏华林、李文娟:《历史纬度上的大地震风险分析与保险责任辨析》,载《保险研究》2008年第9期。

〔3〕 随着时间的推移,地震活动的空间在迅速扩展,从黄河、长江流域逐渐向西南、东南、东北、华南等地区发展。

〔4〕 参见石兴:《巨灾风险可保性与巨灾保险研究》,中国金融出版社2010年版,第22页。

〔5〕 一个5.5级中强震释放的地震波能量就相当于2万吨TNT炸药所释放的能量,或者说,相当于二次大战末美国在日本广岛投掷的一颗原子弹所释放的能量。参见韩渭宾:《地震灾害基本特点及防震减灾对策的几点思考》,载《四川地震》2004年第3期。

灾害的严重性主要是由少数灾难性的特大地震和严重破坏性的地震所造成的。从死亡人数来看，主要都是一些大地震造成损失较大，如1950年（西藏察隅8.5级地震）、1966年（河北宁晋7.2级地震）、1976年（河北唐山7.8级地震）、1996年（云南丽江7级地震）和2008年“5·12”汶川大地震。[1] 据史载，1556年陕西华县8.3级地震“军民因压、溺、饥、疫、焚而死者不可胜计，其奏报有名者八十三万有奇，不知名者复不可数”。[2]

在1900~2007年的100多年里，我国共发生较大影响的各类自然灾害569次：其中发生频次最高的三类灾害依次是洪水、风暴和地震灾害；造成死亡人数最多的三类灾害是干旱、洪水和地震灾害；影响总人数最多的四类自然灾害是洪水、风暴、干旱和地震灾害；造成经济损失最为严重的四类灾害是地震、干旱、洪水和风暴灾害。地震灾害造成的损失在各种巨灾损失中程度最为严重、范围最为宽广。在这100年里地震灾害共发生108次，死亡人数784,754人，受灾人口21,141,136人次，经济损失839,880.7万美元。死亡人数最多的10次自然灾害中地震灾害为3次，经济损失最严重的10次自然灾害中地震灾害造成的损失排名第一。[3]

（三）突发性

在所有自然灾害中，地震的突发性特征最为明显。理论上讲，地震是可以预测的，但是具体时间和地点无法准确得知，往往出现预测与最终结果不同的情况产生。地震在短时间内造成巨大灾害，地震带范围广布，次生灾害众多，如无有效应对机制将对社会经济生活带来不可估

〔1〕 参见王静爱、史培军、王平王瑛等：《中国自然灾害时空格局》，科学出版社2006年版，第36~52页。

〔2〕 参见国家地震局震害防御司编：《中国历史强震目录》，地震出版社1995年版，第99~113页。

〔3〕 See Emergency Events Database，http://www.em-dat.net.

量的破坏。突发性是地震灾害与其他灾害的重要区别点之一。例如,旱灾的形成往往需要十几天,甚至几十天的干旱天气,而且现在的技术手段完全可以预防旱灾的发生,地区长期降水量变化等指标也为防止灾害损失扩大提供充分的准备时间。暴雨导致河流水量增大,但必须要持续的暴雨灾害,且单独河流的水量激增并不会瞬时到达中下游地区,需几日后或多条河流的同时冲击才可能对城镇和农田造成威胁。泥石流具有突然爆发性,但诱因通常为极端天气导致,而且与地震灾害的突发性相比,其还具有一定的前兆。与干旱、暴雨等自然灾害相比,地震灾害的突发性尤为显著。

(四)高频性

地震作为严重自然灾害,在人们的意识里似乎很难发生一次,但随着时间的推移,地震灾害越来越多地出现在人们的持续关注中。这主要是因为之前的信息技术不发达,某一地区发生地震后,其他地区的人们并不能及时知道,也没法记录下来。而且,由于科学技术和经济发展的限制,很多地方地广人稀,即使发生了地震,也很难被发现。科技技术的进步使人们更多的进入到自然世界,我们发现自然、开发自然的同时,也将我们暴露在自然灾害面前。明朝(1368 年)以前,地震记录非常少,一般为每年 1~2 次。而从 20 世纪开始,特别是 1920 年之后,有关地震灾害的记载不断增加,新中国成立以后更是达到年平均 80 次之多。所以我国地震的空间在扩展,频率在增加,主要原因是人类活动范围在逐步扩大,影响着地震发生的获知次数。当然,先进的观测仪器和观测网站的增多使记录技术手段逐渐完善,对每次地震的级数、范围、破坏力等数据也有着立体的掌握。

地震灾害具有以上特征,使地震保险与一般商业保险之间存在很大的不同,也使地震保险在实践中产生很多问题,无法发挥其应有的功能。

1.1.2　地震可保性分析与地震保险的含义界定

保险是现代工业社会的产物,而地震灾害则是自古有之。虽然地震灾害具有自身的特点,与一般商业保险存在很大的差异,但其仍可以作为保险公司承保的对象,并且地震保险是解决地震灾害发生后恢复重建及保障灾民生活的有效方式。

(一)地震灾害的可保性分析

地震灾害是否具有可保性,不同的学者观点不同。日本早在一战前对地震保险就已经进行研究,其中著名学者吉川吉卫认为,是否可将地震灾害作为保险标的进行投保,需首先对保险制度进行分析。[1] 保险经营中常常涉及保险制度的收支平衡问题,即收入和支出应保持在一个衡量上,该制度计算危险分散的方法通常为将遭遇伤害、死亡、海难、水灾、火灾等一定危险的人员数进行统计,将这些人群作为与整体收支平衡的共同基金。利用大数法则,尽可能多的聚集相同危险的人群,使全体投保人的保险费总额与给付给保险公司的保险金总额相当。[2] 所投保的保险标的产生危险的可能性只在有限个体中,而没有大数法则作为基础的话,这种保险实际上就是一种投机。[3] 当然这只是数据上的假设情况,在实际生活中很难达到这一目的。除了收支平衡原则外,还有对价平衡原则。该原则要求投保人投保时交纳的保险费应该等同于保险事故发生时所获得的保险赔偿金,至少在数学期望上是相等的。在商业保险法中,很多规定都是基于对价与收支平衡两

---

〔1〕［日］吉川吉衛:《地震と保険者の責任》,《新損害保険双書火災保険》,文真堂 1982 年版,頁 402。

〔2〕从地震保险的性质看,如果保险基金达不到一定的规模,那么,其作用就不能得到有效发挥,制度建设就可能面临进退两难的尴尬。所以,从制度设计上就必须确保基金能够达到起码的规模。

〔3〕参见覃有土、樊启荣:《保险法学》,高等教育出版社 2003 年版,第 8~9 页。

个基本原则而产生。无论是商业保险,抑或是政策性保险,它们的相同点都在于遵从收支平衡原则。但在对价平衡原则上,由于国家及一些基金会可以承担部分赔偿责任,政策性保险一般不会完全遵守。

保险业的技术原理还依赖于“风险平均化”,即通过大量的交易使个别保险事故发生造成的损失通过其他数目客观的交易平均分散出去。如果没有“风险平均化”的存在,根本无法产生保险,甚至是将其作为一项单独的行业发展下去。只有将保险对象发生概率精确地计算出来,才能满足“风险平均化”产生的条件,或者说使其具有预测可能性。保险风险若要具有实际操作的可能性,必须实现“风险平均化”的目标。对于个别保险公司而言,即使不能完全负担风险可能导致的损失,其也应事先确定出将风险转嫁出去所需的费用。[1]

此外,还有学者认为,克服危险的有效措施是利用概率论对危险的发生进行预测,将收支相等原则很好的融入到保险金与保险费用的计算上,使总保险金与总保险费保持动态平衡。地震灾害的发生概率高,但具体何时发生、在哪里发生是难以预测的,发生级别也无法掌握,因此地震保险很难实现收支相等原则。所以,要想将保险手段用到地震灾害中,必须进行修正,并对纯粹的保险技术进行制约。[2]

虽然地震保险与收支平衡原则、对价平衡原则、大数法则、风险平均化等保险基本理论相违背,且其特征也不符合保险险种的要求。但作为国家应对地震灾害的一个重要方式,地震保险有其存在的价值。作为政策性保险的一种,地震保险在国家政策支持的前提下,结合商业保险的一些特征,由政府、保险公司、个人一起参与,对费率厘定、给付限额、承保方式、分摊机制、与资本市场结合等方面进行修改和完善,使

---

〔1〕［日］岩崎稜:《地震損害と保険》,《損害と保険》,日本評論社 1973 年版,頁 54。
〔2〕［日］倉沢康一郎:《自然災害と保険》,《現代保険法論》,一粒社 1985 年版,頁 188。

其与以上各原则相符合，具有可保性，并在灾害发生后发挥关键职能。

（二）地震保险的基本概念

所谓地震保险，无外乎就是将地震灾害作为保险对象的保险形式，由保险公司、再保险公司等承保体共同承保灾害发生后的赔偿责任。现代经济学理论将社会上流通的消费品分为两种形式，即公共物品（public goods）和私人物品（private goods）两类。[1] 公共物品是客观存在的，具有公有性，往往体现在国防、公益、医院、教育等方面，相应的私人物品并不具有公有性，而表现为排他性，并带有竞争性的特征。公共物品又可细分为准公共物品和纯公共物品：准公共物品虽与私人物品不同，但其仍具有一定的排他性和竞争性，如教育、医疗、公用行业等；纯公共物品完全共有，不具有排他性和竞争性，例如国防、环保等。地震保险的社会效益高且其自身经济效益较低，归属于公共物品；但地震保险并不是完全的社会福利，投保人需缴纳一定的保险费后方能享有在发生地震灾害时向保险公司追索保险金。因此，地震保险并不属于上文所说的私人物品或完全意义上的公共物品，由于其具有两种物品的属性但更偏向于公共性，应将其定义为准公共物品。[2]

准公共物品的性质决定了地震保险不能像商业保险这种完全的私人物品那样运营。保险公司一旦承保地震险，势必会面临如此的情况，即面对高费率、高损失率、高风险，导致逆向选择、赔付率低、投保率低，最终导致公司难以经营甚至倒闭。而美国、日本、新西兰等国家的保险公司能够承担地震灾害损失的原因在于政府出台了相关法律政策，支持保险公司承担地震保险，使地震保险具有政策性。

---

〔1〕 参见曾文革、张琳：《对我国制定地震保险法的思考》，载《云南师范大学学报》2009 年第 6 期。

〔2〕 参见李军：《农业保险的性质、立法原则及发展思路》，载《中国农村经济》1996 年第 1 期。

因此,笔者认为,地震保险应为具有准公共物品性质的政策性保险。

1.1.3 地震保险的特征考察

地震灾害的特殊性使地震保险具有不同于其他形式保险的特征。

(一)地震保险为独立性保险

中华人民共和国成立初期,国家政务院就出台了法律法规规范地震灾害保险,确保地震保险保障作用的发挥。[1] 中间有20年由于特殊原因中断了地震保险的发展,直到1980年,保险业务才得到恢复。但此时的地震仍然作为一种保险事故发生的原因被包括在普通火灾保险之中。这种不确立地震保险,而仅将其作为一种保险公司履行赔偿责任的诱发原因的地震保险形式存在一定风险。1978年唐山大地震的发生给当时的社会造成空前的损失,举国哀悼,但由于当时保险业务并未实行,错过了上述地震保险形式的检验机会。地震灾害是一种高风险、高损失额的风险,不确立地震保险,仅将其作为保险事故的诱发因素缺乏科学性和合理性,应独立地震保险。很多国家的做法是将地震保险作为一种附加于财产险的附加险,但仍然承认其作为一种独立保险的地位,具有独立性。

(二)地震保险为政策性保险

保险是一门学科,是一种风险社会的预防和弥补方式。保险可分为政策性保险和商业性保险,虽然这两种保险有很多的共同点,但保险公司在经营时都会采用不同的管理方法。[2] 同理,国家立法部门在制

---

〔1〕 例如,1951年颁布的《关于实行国家机关、国营企业、合作社财产强制保险及旅客强制保险的决定》,该决定将地震灾害保险归入普通火灾保险中。

〔2〕 参见戴应洪、陈敏、舒涛、郭欣:《地震保险的政策性与商业性探讨》,载《地震地磁观测与研究》2005年第12期。

定法律规范时对这两种保险种类也应采用不同的立法标准，出台不同的法律法规。[1] 中国人民银行《财产保险基本险》第7条规定："由于下列原因造成保险标的的损失，保险人不负责赔偿：……（四）地震、暴雨、……"，该条将地震风险列为财产保险的除外责任，不予以承保。[2] 若把地震保险作为商业性保险经营，无法解决其高损失额和高发率的问题。如我们所知的我国唐山大地震、日本阪神大地震、美国北岭大地震等，都造成了严重的后果，其经济损失数以百亿甚至千亿计。笔者在前文中也多次提到，应将地震保险视为政策性保险，并具有如下性质：

1. 经营地震保险业务的保险公司可享有国家免税政策，在条件允许的情况下还可享有其他形式的财政补贴。美国加利福尼亚州地震保险公司既享有联邦免税待遇，也可提取地震损失准备金，政府能以直接或间接手段对提供这种公共物品的私人部门进行补贴。[3]

2. 保险公司在经营地震保险时，不能完全以逐利为目的，即不完全效益性。虽然有学者观点认为地震保险在经济上是非效益性的，但笔者认为，如完全不具有效益，则保险公司将缺乏积极性专注于地震保险，即使按照国家的要求承担地震保险的赔偿责任，也只是消极怠工，而不会发展创新，使地震保险在应对地震灾害时不能更好的发挥其功能。[4]

3. 地震保险虽由保险公司承办，但应将其经营和核算方法与其他商业性保险分开，单独进行。政策性保险与商业性保险在对外经营上

---

〔1〕 参见王珏辉、茆永福：《农业保险应用研究》，新疆科技卫生出版社1997年版，第13页。

〔2〕 参见刘恩正：《开办地震保险有多大可能性》，载《中国保险报》1997年第9期。

〔3〕 See Robert Cooter, Thomas Ulen. *Law and Economics*, Prentice Hall, 6 edition, 2011, pp. 61–63.

〔4〕 参见陈保华、叶民权：《对地震保险若干问题的思考》，载《国际地震动态》1999年第1期。

各具特点，应实行不同的核算方法。

（三）地震保险为非自愿性保险

强制性保险和自愿性保险是保险经营中互相对应、互相补充、互不替代的两种保险形式。所谓强制性保险，实际上是指国家法律明文规定某些特殊当事人必须承担投保义务，保险公司必须承保的保险险种，投保人并没有任何其他形式的选择权。[1] 我国最为常见的强制性保险是“机动车交通事故责任强制险”（以下简称“交强险”），法律规定机动车所有人或管理人必须按时交纳保险费，在发生交通事故后由保险公司进行理赔。[2] 与强制性保险相对应的为自愿性保险，其范围较为广泛，只要是商业险基本上都为自愿投保，国家并不强制，例如，财产保险、医疗保险、意外伤害保险等。地震灾害一旦发生，对灾区居民的将造成致命的影响。因此，笔者认为，地震保险的基本类型不应为自愿性保险（特别在地震灾害常发地区），应强制居民投保，其原因如下：

1. 保险的目的在于分摊保险事故发生时的损失并分散其可能的风险，是以大数法则为基础的，应通过多种措施使地震保险与大数法则相符合。大数法则的合理性体现于高参与率，具有稳定性。而我国目前赈灾体制为在发生地震后多由国家财政支持，且受制于计划经济观念、地震活动情况、社会自然环境等影响，使人们能够在短时间内自愿参与到地震保险中不太现实，所以要使地震保险符合大数法则，使投保地震险的参与率提高，要更好的发展地震保险，必须强制要求地震灾害常发

---

〔1〕 参见徐卫东主编：《保险法论》，吉林大学出版社2000年版，第42页。

〔2〕 我国《机动车交通事故责任强制保险条例》（中华人民共和国国务院令 第462号）第2条第1款规定：“在中华人民共和国境内道路上行驶的机动车的所有人或者管理人，应当依照《中华人民共和国道路交通安全法》的规定投保机动车交通事故责任强制保险。”《机动车交通事故责任强制保险条例》于2006年3月1日国务院第127次常务会议通过，自2006年7月1日起施行。

地区的居民投保地震保险。[1]

2.地震强制保险有利于克服逆选择现象。逆选择是指一种道德风险，由于合同双方所掌握的信息不同而造成的逆向选择现象，使一方获得更大利益且造成另一方的利益损失。[2] 在经济学中容易出现逆选择现象，因此在一个良性的竞争环境中往往都要求买卖双方提供完整的信息，同理对于保险业来说提供全面真实的信息有利于投保人和保险人之间充分了解，便于投保人的选择和保险人的保险安排。[3] 保险实际操作中信息不对称使买卖双方不可能完全知晓对方的信息，虽然《中华人民共和国合同法》（以下简称《合同法》）要求签订合同的双方按照最大诚信原则签订保险合同，但合同双方当事人为了获取更多利益，在不违背法律的前提下，一定会尽可能提供有利于自身的信息，而想方设法回避不利信息。

如果法律没有规定地震保险的非自愿性，或仅仅规定投保人和保险公司可享有自由选择权，则会出现这样的情况：对于保险公司而言，在地震平静时期会将保险费率定的较低或更为愿意承保地震险，对不经常发生地震、地震灾害轻的地区愿意承保地震险，而在地震常发、灾害严重地区不愿承保；对于投保人而言，在地震多发地区的投保人投保积极性高、投保多，而在地震不常发地区积极性较低、投保少。其原

---

[1] 作为一个经济制度的安排，效率是一个重要的指标，尤其是这种具有一定公共利益性质的制度，如果完全采用自愿和商业的模式，就可能出现归集成本过高的问题，而且，归集的周期，即时间成本也可能较大。解决住宅地震保险基金归集问题的较好方法是采用一定程度的强制模式，这样能够在较短的时间内，用最低的成本迅速归集起一个较大的量，形成一定的规模。

[2] 所谓逆选择是指在信息不对称的情况下，信息拥有方为谋取自身更大的利益使另一方的利益受到损害，这种行为在经济学理论上称作道德风险和逆向选择。参见范玲：《责任保险逆选择问题研究》，载《对外经贸》2012年第6期。

[3] 参见宋清、李志祥：《企业孵化器的外部性与政府行为研究》，载《江苏商论》2006年第1期。

因在于利益的驱动,即上文所说的逆选择,不利于地震保险的发展。

3. 人们总认为地震灾害是不经常发生,甚至一辈子都不会遇到的事情。但实际上,地震灾害发生的概率是很大的,而且近几年不断发生地震灾害的现实也告诉我们,地震随时可能发生,一旦发生将造成严重的后果。强制地震保险有助于对人们这种消极心理的消除并降低风险。

4. 地震保险是政策性的保险,需要国家、保险公司、个人共同抵御地震灾害。如果不将其作为强制险,个人不购买地震险,则对于保险公司而言筹集不到必要的地震资金,在发生灾害后无法承担巨额的损失赔偿责任,使地震保险成为空谈。因此,可以通过强制地震险的规定,将人们不自觉的投保行为转变为自觉的行为,有利于保险费用的筹集,也能在一定程度上提高保险公司的承保积极性。虽然美国、日本并没有强制要求居民投保地震险,但结合我国国情及人们传统理念,将地震保险作为强制险具有可行性。具体操作办法为,在居民购买保险时,如向保险公司投保房屋或其他物品的财产险时,保险公司可依相关法律条文,在有明确法律依据的前提下向居民征收无异议的地震保险费用。

综上所述,地震灾害作为保险公司的承保对象时,其具有与商业保险完全不同的特点。而地震保险的独立性、强制性和政策性的特征,使仅仅依靠保险公司的章程制度、保险协会的规定办法或《中华人民共和国防震减灾法》(以下简称《防震减灾法》)中的鼓励性规定,是无法经营与发展地震保险,更无法发挥地震保险在灾害发生后保障灾民生活、恢复灾后建设中应体现的作用。[1] 因此,制定地震保险法律制度,明

---

[1] 《中华人民共和国防震减灾法》,1997年12月29日第八届全国人民代表大会常务委员会第二十九次会议通过,1997年12月29日中华人民共和国主席令第94号公布,自1998年3月1日起施行。其中第25条规定:"国家鼓励单位和个人参加地震灾害保险。"

确规范有关于地震保险的投保、承保、行业经营等活动,利用科学合理的法律制度进行正确的导向,对地震保险的发展有积极的意义。未来的发展方向是地震保险被越来越多的应用到地震风险防范和地震灾害治理中,地震保险法律制度也在逐渐发展并形成自己的体系。

1.2 不同国家和地区地震保险法律制度的发展状况

从近年来全球地震灾害造成的经济损失和保险赔付来看,发展中国家与发达国家的地震损失保险补偿差异显著。究其原因,既有不同国家地区经济发展水平和实力上的差距,也有思想观念和保险意识上的不同,还有各国在地震保险法律制度的建设水平和普及程度的差异。由于人类活动范围的不断扩大,遭受地震等自然灾害的危险随之增大。世界上许多国家都建立了地震保险法律制度,进行了大量的有益探索,同时也积累了许多宝贵的经验。

地震保险法律制度在各个国家的表现形式不同,既有全国性的法律制度,也有区域性的规范条文;既有单一性质的地震保险法律制度,也有包括其他巨灾的综合性的巨灾保险法律制度。地震保险减轻了地震灾害所带来的影响,具有显著的社会效益,同时对地震灾害财产损失进行经济补偿,具备经济效益:对各国政府年度内的财政收支提供平衡参数,对承保地震保险业务的保险公司和再保险公司积累赔偿准备金提供融资渠道,对安定人心、预防灾害、震后赔偿提供有效手段,对保持国民经济的可持续发展、维持区域性(特别是地震灾害高发区)稳定提供基础保障。[1] 对各国地震保险法律制度进行研究,总结和分析经验教训,对促进我国地震保险法律制度的建立和完善有着积极的促

---

〔1〕 参见袁力、王和:《地震保险制度研究》,中国经济出版社2013年版,第57页。

进作用和借鉴意义。

1.2.1 美国:"政府主导地震保险计划"的法案思考

美国与中国相似,具有辽阔的国土面积和多种多样的自然环境,时常遭受到地震等各种灾害的威胁,包括洪水、飓风等。出于深受自然灾害侵扰,各种应对灾害的法律制度为之产生。美国各级立法机构制定并实施了各种灾害保险法律制度,各制度之间相互补充,同时促进地震保险法律制度的发展。

(一)洪水保险法律制度

美国国家洪水保险体系在20世纪50年代诞生。在洪水保险法律制度出现之前,美国境内虽然经历了大大小小的各种洪水灾害,但鉴于承保洪水保险将使保险公司承担高额的经济损失,保险公司大都放弃了这一保险业务。1956年,美国国会在各种防洪工程都不能发挥到很好的效果,而洪水灾害造成的损失有增无减的情况下颁布了《联邦洪水保险法》,洪水灾害作为保险产品确定下来。此后,美国国会对《联邦洪水保险法》又进行了修改,在1968年颁布《全国洪水保险法》,同时通过了《国家洪水保险计划》(National Flood Insurance Program,NFIP)。该法律规定,洪水风险区域的社区必须要参加NFIP,否则将受到联邦政府的处罚。[1]

但美国洪水保险计划在起初是自愿参保,由于其会在短期内使居民增加经济负担,许多社区的居民对此并不感兴趣。1969年国会修改了原法规,制定了《洪水保险应急计划》,新法律的颁布将原有法条中欠缺的地方进行了修改,参加洪水计划的居民也有所增加。但数据显

---

〔1〕 参见胡辉君:《国外有关洪水保险的实践及对我国的启示》,载《中国水利》2005年第19期。

示,在1973年5月前,参加该计划的居民仅分布在3000个社区中,而实际上受洪水困扰的社区高达20,000个,参加比例仅为15%。[1] 之后,美国国会在1973年12月出台的《洪水灾害防御法》中将洪水保险规定为强制性保险,要求居民必须投保洪水险。虽然政府一直致力于推进强制性洪水保险计划,但仍然受到重重阻力。1977年,美国国会又通过了《洪水保险计划修正案》,在洪水保险的具体投保问题上增加了一定的灵活性,使居民更容易接受。[2] 美国政府又于1994年和2004年两次出台了《洪水保险改革法案》,以确保洪水保险在灾害发生时的职能作用。[3]

洪水保险法律制度对居民投保要求从刚开始的自愿投保,到强制性投保,再到灵活性投保,这种渐进性的发展变化过程对地震保险有很好的借鉴作用,提供了一个可行的发展方向。[4]

(二)地震保险法律制度

由于美国的地震灾害主要发生在西海岸的加利福尼亚州,因此,相关地震保险主要在西海岸部分州内展开,地震保险法律制度及相关措施也由加州立法机构制定及批准。1994年美国洛杉矶北岭地震造成了57人死亡,超过8700人受伤。[5] 该地震灾害造成的经济损失也非常之大,加利福尼亚州保险公司犹如经历了"灭顶之灾",由保险公司直接

---

〔1〕 See Mileti D. S., A Reassessment of Natural Hazards in United States, Joseph Henry Press, 139-145, 1999.

〔2〕 参见李文娟:《与巨灾风险博弈》,武汉大学出版社2009年版,第117页。

〔3〕 参见张雪梅:《国外巨灾保险发展模式的比较及其借鉴》,载《财经科学》2008年第7期。

〔4〕 See "Managing Flood Losses: An International Review of Mitigation and Financing Techniques", Part1, CPCU Journal, 2001.

〔5〕 See Jonathan P. Stewart, Yoojoong Choi, Robert W. Graves: Pacific Earthquake Engineering Research Center, Empirical Characterization of Site Conditions on Strong Ground Motion. PEER 2005/01, JUNE 2005.

支付给灾民的理赔金高达 78 亿美元，而陆续的重建工作等其他经济赔付更是达到了 120 亿美元。[1]

为了及时充分地弥补地震灾害造成的损失，提高防震水平，加利福尼亚州立法机构批准成立了加利福尼亚州地震保险局(California Earthquake Authority，CEA)。CEA 是私人性质的地震风险承保体，由政府管理经营。该组织于 1996 年开始经营，两年后就成为当时世界上最大的地震风险承保组织，拥有 72 万保单持有人。[2] 立法机构制定的《法令草案》是一部强制性地震保险法，[3]该草案将房屋主保险和地震保险捆绑在一起，即地震保险与房屋主保险同时出售，不得单独售卖。当然，这种形式的强制地震保险只包括加州居民的住房，像房内可移动的昂贵物品或户外游泳池等非生活类物品并不在强制保险的名单之内。强制出售这种最低标准地震保险的目的是使加利福尼亚州居民在地震发生时能够得到最低保障。[4]

加利福尼亚州地震保险是由政府主导形成的，其《法令草案》的特点在于：第一，提供基本保障。由于地震风险造成的损失巨大，严重影响承保公司的财务稳定性，许多保险公司也不愿意承担地震险。但 CEA 的存在可以很好地发挥组织作用，例如在地震灾害风险较大时分散给多个保险公司，而在风险较小时集中给个别实力较强的公司，有益于风险的控制。第二，共同保险。CEA 免赔额的规定使保险公司在损

---

〔1〕 Comerio M. C. ，Landis J，Firpo C. and Manzon J. (1996)，“Residential Earthquake Recovery. Improving California's Post-Disaster Rebuilding Polices and Programs”，Berkeley，California Policy Seminar Brief Series.

〔2〕 See Guy Carpenter & Company，Inc. The World Catastrophe Reinsurance Market：Steep Peaks Overshadow Plateaus，2006，pp. 10-14.

〔3〕 这里的强制性和文章下文提到的新西兰的强制性不同。此处是针对保险公司的强制性承保，新西兰地震保险法则是针对居民的强制性保险。

〔4〕 参见袁力、王和：《地震保险制度研究》，中国经济出版社 2013 年版，第 63 页。

失较小时不承担赔偿责任，有利于降低保险公司承保地震保险的风险，也节约了运营成本。而且，对于重大灾害超过 CEA 的赔偿能力时，要求投保人参与分担有利于提高当地居民的防灾意识，也有利于巩固加州地震保险体系。[1] 第三，具有强制性。对于地震保险公司而言，其在加入地震保险承保体后，需按照地震保险局的要求承保地震险，接受该组织安排的分保，不得私自转分保或不接受分保，有利于灾后损失得到快速完全的赔偿。第四，发挥市场机制，CEA 规定投保人可自由选择是否购买地震险，CEA 占据地震保险市场的 70%，剩下的 30% 由其他保险公司自由提供。将市场机制引入到地震保险中来，市场需求和市场竞争会促进 CEA 设计出更好的保险计划，降低经营费用，有效分散风险，并且减少由于政府可能的过多参与带来的负面效应。

1.2.2　日本：不同时期地震保险法律的不同表达

日本的国土分散在各个岛上，完全被环太平洋地震带所覆盖。日本的陆地面积占世界的 0.25%，发生了世界上 20% 的地震灾害。[2] 类似于美国的加州和墨西哥等地区，日本经常遭受地震、海啸等各种自然灾害的袭击。[3] 日本制定地震保险法律制度由来已久，通过几代法律人和政府的交涉、磋商，形成了多个版本的地震保险制度，并经历实践的检验，不断地修改和完善，才形成现在的日本地震保险法律体系。[4] 这一体系具有鲜明特色，对其他地震灾害常发国家保险制度的建设具有积极意义。

---

〔1〕 CEA 在保单中规定了 15% 的免赔额，还规定当地震损失超过 CEA 的偿付能力时，损失需要在投保人之间分担。

〔2〕 载 http://japan.people.com.cn/35467/7927708.html，2014 年 7 月 2 日访问。

〔3〕 See Erik Banks, Catastrophic Risk: Analysis and Management, Wiley Finance, 2005, p. 59.

〔4〕 参见史本叶、孙黎：《日本地震保险制度及其借鉴》，载《商业研究》2011 年第 9 期。

（一）战前地震保险法律制度

早在1875年，德国人Paul Mayet就提出，日本能够造成房屋巨损的有五种灾害，[1]地震灾害为最严重的一种。1878年，Mayet在其著作《日本房屋保险论》中阐述了德国的保险模式，论证了日本火灾等保险应采取国营强制保险形式的必要性和重要性。日本政府对这一建议表现出极大的关注并最终采纳，于1881年7月起草了《房屋保险法案》和《保险法说明书》。虽然该法案最终被否决，但这一建议所提出的火灾保险包括了地震因素，使当时的日本社会对自然灾害保险产生了初始的认识，并提出了地震灾害作为保险标的的可能性。

1923年9月发生了关东大地震，造成了14多万人死亡，12.82万户房屋倒塌，对东京和整个神奈川县都造成了毁灭性的打击，[2]此后又接连发生了几次地震，使政府对制定地震保险更加重视。日本工商省于1934年出台了《地震保险制度纲要》，以应对地震灾害造成的损失。但在当时的日本社会，人们并未由于地震灾害造成过大的损失，地震保险被强制附加在火灾保险的紧迫性并不存在，因此当时的立法部门和保险业界都不赞成将地震保险强加在火灾保险之上，“纲要”最终未被落实。

（二）战时地震保险法律制度

1944年，日本政府公布了《战时特殊损害保险法》，将地震保险与战争保险相联系，作为一种应急法案出台。之所以会在战争还未结束时颁布这一法案，主要是因为当时的日本军部认为，地震造成的损失比美军对日本的空袭还来的突然，难以预测。战时保险法明确损害保险合同的成立为地震保险合同的成立要件，即损害保险合同成立时地震保险合同同时成立，以此种方式将地震保险普及给一般投保人，便于居

---

〔1〕 这五种灾害分别为地震、洪水、暴风、战争、火灾。

〔2〕 参见苗业：《日本会发生第二次关东大地震吗》，载《世界知识》1988年第22期。

民的了解和认可。日本法学家岩崎稜认为,《战时特殊损害保险法》实质上将保险公司经营的地震保险业务变更为政府经营,虽然保险公司仍然进行地震保险业务,但所有核心内容都由政府决定。地震保险只能依附于战争期间日本国内的通货膨胀和保险金给付才能维持进行,但这也是暂时的。〔1〕

(三)战后地震保险法律制度

1948年福井地震发生后,日本政府银行局通过对国内地震灾害数据的分析,总结当时地震保险制度存在的问题,修改部分地震保险条文并出台新的《地震保险法纲要》。〔2〕“地震保险基金”的概念就是在此次修法中提出的,该纲要规定由政府作为出资法人来承担地震保险的损害填补责任,但由于此财政预算等原因,最终没有获得内阁的批准。1952年之后,由于国内洪水、地震、海啸等自然灾害对居民造成严重损失,日本损害保险协会倡议并组成了自然灾害保险特别委员会,于1953年2月颁布了《地震保险实施纲要》,可是由于保险业内部的意思难以统一未能付诸实施。1963年该协会成立了地震保险专门委员会,并在第二年提出了《地震保险承担纲要方案》。〔3〕

1966年6月1日,新泻大地震的发生促使了地震保险法律制度的制定和颁布,日本《地震保险法》也在这一时间出台。〔4〕该法规定,住宅保险、火灾保险等为主险,地震保险为附加险,当居民投保主险时,地震保险为附加险自动添加,具有一定的强制性。〔5〕1975年日本保险法

〔1〕岩崎稜:《地震災害と保険》,《法律時報》1977年巻49第4号,頁72。

〔2〕参见何霖:《日本巨灾保险之进程与启示》,载《灾害学》2013年第4期。

〔3〕参见隋祎宁:《日本地震保险法律制度研究》,吉林大学2010年博士学位论文。

〔4〕参见江朝峰:《中日地震保险制度之比较研究》,载《淡江学报》2005年第36期。

〔5〕之后日本政府颁布的两部法律《有关地震保险法实施令》和《地震保险相关法律》进一步完善了日本的地震保险体系。[日]倉沢康一郎:《自然災害と保険》,《現代保険法論》,一粒社,1985。

将作为主险的住宅保险、火灾保险进行了具体化和扩大,并规定地震保险为任意投保而不具有强制性。[1] 在每次地震之后,立法机关都会修改保险体制,并逐渐使日本成为世界上拥有先进地震保险运行机制的国家。[2]

日本地震保险的运营受到日本金融厅(Financial Services Agency, FSA)的监督和管理,同时地震保险法律制度的实施有效地推动了地震保险在日本的发展。[3] 对比 1994 年和 2010 年居民投保数量,地震保险业务在两年间发生巨大改变,2010 年日本居民共投保地震保险 1274 万件,是 1994 年的 3.21 倍,平均每年的增长速率达到 13.8%。[4] 日本地震保险法律制度的特点包括:一是地震保险由政府与各财险公司共同经营,不以营利为目的,具有公益性和非强制性的特征,民众可自愿投保。二是将家庭财产与企业财产分开保险。三是政府在地震保险中体现主导功能。日本政府在保险公司与居民中进行协调,充分考虑保险公司、再保险公司和投保居民的利益,使承保地震保险成为现实。[5] 四是提供相应的税收支持。日本地震保险法律制度历经了包括阪神大地震在内的多次重大地震灾害的检验,在震前预防与震后救助中发挥重要作用。

---

〔1〕 1975 年日本保险法将主险险种的范围进行了扩大,包括简易、普通火灾保险,以及涉及家庭领域的住宅火灾保险,例如火灾相互保险、简易火灾保险、普通火灾保险、住宅火灾保险以及到期返还长期保险等家庭领域的保险。

〔2〕 参见姚云生、袁丽:《阪神地震与日本地震保险的发展》,载《灾害学》2000 年第 2 期。

〔3〕 日本有四部法规监管保险业务,分别是 1948 年《关于非寿险评级机构的法案》、1955 年《汽车赔偿责任安全法》、1966 年《地震保险法》和 1996 年《保险法》,同时保险公司也要遵守一些关于整个金融服务的法律法规,包括 1998 年《金融系统改革法案》、2001 年《消费者合同法》、2001 年《金融产品销售法》、2003 年《个人信息保护法》。

〔4〕 日本地震再保険株式会社,地震保険保険料支払い,日本損害保険協会ホームページ,http//www. sonpo. or. jp。

〔5〕 [日]吉田彰:《地震保険の実務的な課題》,内閣府経済社会総合研究所,研究会報告書等,No. 44. 2009(6):116。

1.2.3　新西兰：地震保险法律制度的完善路径

新西兰被称为"震动的岛屿"，据世界地理监控组织的统计，新西兰每年有 15,000 次地震发生，尽管其中只有大约 1500 次震感强烈。[1] 新西兰首都惠灵顿于 1942 年发生 7.2 级大地震，由于当时没有足够的保险赔偿金，震后很多房屋未能得到及时修复，给人民的生活和生产带来极大的困难，造成严重损失。这次地震使新西兰政府于 1945 年成立了地震和战争损坏委员会，并出台了《地震与战争损坏法案》。最初该法案只提供对战争和地震损失的保障，随着经济的发展，保障的范围逐渐扩大并有所调整。[2] 经过对该法案不断的完善，逐渐将其他自然灾害包括在内，并取消了战争破坏险，将地震与战争损坏委员会正式更名为地震委员会（Earthquake Commission，EQC），专门负责地震保险事务。[3]

新西兰地震保险法律的特点可概括为几点：第一，政府参与。地震保险一整套流程中，包括产品的设计、销售，发生灾害后承担最终损失赔偿责任，分散地震风险至国际再保险市场等都有新西兰政府的实际参与；第二，地震保险为强制性保险，并附加在住房保险之中；第三，政府组建地震保险委员会，管理由政府直接拨发的地震灾害基金，在保险公司不能完全赔偿损失时承担部分赔偿责任；第四，地震保险的承保公

---

〔1〕 资料来源：http://geonet.org.nz/earthquake/。

〔2〕 具体调整范围如下：(1)1950 年扩大承保暴风雨与洪水所致的损失；(2)1954 年扩大承保火山爆发的损失，并引进任意附加的地层滑落危险；(3)1967 年以任意附加方式扩大到地热液喷出危险；(4)1970 年将地层滑落危险由任意附加方式变更为自动附加方式；(5)1984 年将暴风雨损失与洪水损失的承保对象限定于住宅用土地，排除住宅用建筑及动产；(6)1993 年增加海啸危险，将地热液喷出改为自动附加，并将战争危险排除于承保范围外。参见李文娟：《与巨灾风险博弈》，武汉大学出版社 2009 年版，第 97 页。

〔3〕 Earthquake Commission Act 1993, Public Act1993 No. 84, Date of assent, 10 August 1993, Commencement, see section 1(2).

司只从投保居民手中收取必要的手续费,其余所有保险费用由保险公司代收并上交地震委员会,存入地震灾害基金。[1]

1.2.4 中国台湾地区:如何看待依附于“保险法”的地震保险条文

中国台湾位于环太平洋地震带,也是地震灾害常发的地区。1999年9月,南投县发生7.3级大地震,造成2415人死亡,房屋倒塌51,711间,以新台币计算当时的经济损失高达1284亿元。此次地震给台湾地区造成了巨大损失,但由于当时地震保险普及度不同,且缺乏法律及政府支持,受灾地区仅有20%的家庭投保了火灾保险,而投保地震保险的比例更是只占到1%。南投地震的发生引起了台湾当局和民众的重视,加快了“防空国家型科技计划”的研究和实施,到2001年7月9日,中国台湾地区“保险法”新增第138-1条。该法第138-1条法条实际上是对住宅地震保险进行的法律规制,为中国台湾地区地震保险法律制度的建立和完善提供依据,也是在中国台湾地区进行地震保险业务的法律基础。[2] 2002年1月,台湾当局就设立了地震保险基金——住宅地震保险基金(Taiwan Residential Earthquake Insurance Fund,TREIF)。4月1日,台湾立法部门将住宅地震基本保险划为政策性保险,政府直接干预,投保人在购买住宅火灾保险时需同时购买地震基本保险,实际上是将地震保险强加在住宅火灾保险之上的,具有强制性。

---

〔1〕 参见王和:《各国(地区)巨灾保险制度探析(三)》,载《中国保险报》2014年第4期。

〔2〕 该条规定:“保险业应承保住宅地震危险,以共保方式及主管机关建立之危险承担机制为之。前项危险承担机制,其超过共保承担限额部分,得成立住宅地震保险基金或由‘政府’承受或向地区内、外之再保险业为再保险。前两项有关共保方式、危险承担机制及限额、保险金额、保险费率、责任准备金之提存及其他主管机关指定之事项,由主管机关定之。第二项住宅地震保险基金为财团法人;其捐助章程及管理办法,由主管机关定之。”

中国台湾地区有关地震保险的法律具有以下特点:第一,具有普及性。以民投保、全民受惠为制度执行目标。第二,具有简化性。采用了简易投保方式,没有核保要求。在出现理赔时,尽可能缩短时间,使投保人迅速得到理赔资金。第三,具有基本性。对地震造成的住宅损失仅提供基本保障,大体为重置价值的一半左右。第四,具有负担性。保费由投保人自己承担,"政府"不提供补贴或者其他捐助。第五,具有政策性。"政府"在地震保险中起主导作用,并与保险公司共同承担风险。

除了上述国家和地区之外,其他地震灾害常发国家也通过不同的形式纷纷制定了地震保险法律制度,或包括地震灾害在内的巨灾保险法律制度。法国于1981年发生的严重大洪水推动其国内巨灾保险制度的建立。1982年7月13日经国会投票通过正式立法建立了《自然灾害保险补偿制度》(Natural Catastrophe Scheme, Cat. Nat),该法案是法国议会表决通过的第一部关于自然灾害保险的重要法律。之后经过一系列的修改完善,形成了2002年版本,也是法国目前主要的自然灾害保险制度,地震是其保险责任的重要组成部分。[1]

土耳其自20世纪以来发生的严重破坏性地震达40次之多,有记录的地震灾害造成40多万人员死亡。《强制地震保险法令(第578号)》是土耳其政府于2000年颁布的第一个有关于地震保险的法律规定,提出要建立包括地震灾害在内的巨灾保险基金(Turkish Catastrophe Insurance Pool, TCIP)。TCIP是在全面研究的基础上,由世界银行、土耳其政府和土耳其保险业共同合作的结果,其目的在于覆盖整个国家的地震保险,提供金融风险管理、灾难防范和应急准备等各项服务项目的资金。

---

[1] Insurance Asspciation of France, "Annual Report of Insurance", 2000.

与其他地震灾害国家相比,我国地震保险法律发展过程曲折且具有间断性特点。早在1951年政务院就出台《关于实行国家机关、国营企业、合作社财产强制保险及旅客强制保险的决定》,但由于1958年至1978年20年间我国国内保险业务的停办,直到1986年才开始巨灾保险方面的研究。1994年中国人民银行下达《关于下发全国性保险条款及费率(国内保险部门)的通知》,1995年《保险法》正式颁布实施,2001年保监会下发《企业财产保险扩展地震责任指导原则》,2007年新颁布的《中华人民共和国突发事件应对法》鼓励并支持发展保险事业。

随着经济的发展,现代社会越来越向风险社会转变。近年来,包括地震在内的自然灾害造成的损失不容忽视。2013年8月的数据显示,相较于2011年而言,全球范围内的灾害损失有所降低,但仍然比上一个十年的平均值要高。[1] 不同国家对地震等自然灾害保险的发展程度不同,保险赔偿金额也不尽相同。如美国、日本、欧洲等国家地区的自然灾害保险损失往往都占到当年GDP的一定比例。2012年自然灾害保险赔偿是1980年以来保险赔偿金额第六高位。[2] 而且,在自然灾害保险发达程度越高的国家和地区,这种保险赔偿金额就越高,在新兴的发展体里,由于保险程度较低,这种自然灾害的保险赔偿反而较低。[3]

---

[1] 2012年全球自然灾害造成经济损失共计约2000亿美元,略高于经过通胀调整的近十年平均值1870亿美元;发生重大自然灾害295件,比近十年平均的257件高出15%。自然灾害共造成保险行业损失720亿美元,比近十年平均的53亿美元高出36%。

[2] 1990年以来,这一指标呈现缓慢上升趋势。这一方面是由于全球范围内持续提高的经济生活水平和保险深度,另一方面也是由于极端气候发生的频度正在增加。

[3] 2011年自然灾害损失主要集中在亚太地区,主要是日本;而2012年,造成最大负面影响的两起自然灾害都发生在美国,即10月的桑迪飓风和全年大面积持续的干旱。这两起灾害造成的经济损失超过千亿美元,约占到全球自然灾害经济损失的一半。同时,由于美国保险深度较高,两起灾害造成的保险赔付占到了2012年全球保险损失的67%。其他地区的自然灾害相对温和,保险赔付数额较高的意大利地震和英国洪水分别造成了6.2亿欧元和7.5亿欧元保险赔付。

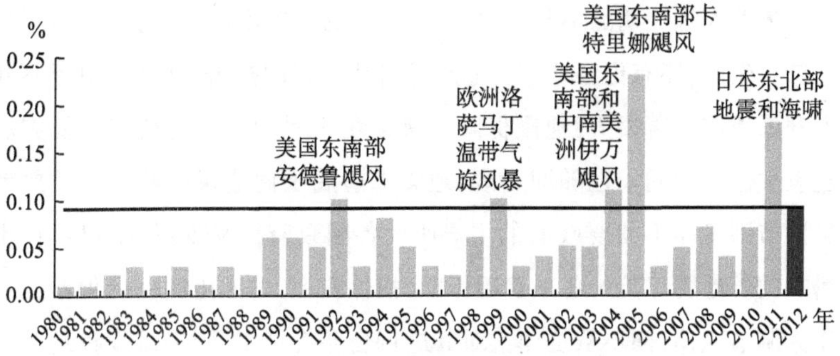

图 1 1980~2012 年全球自然灾害保险金占当年 GDP 比重

从表面上,地震等灾害保险制度越发达的国家,保险赔偿反而越多,仿佛给保险行业造成很多不必要的损失。但事实上,保险赔偿越多,说明运用地震等自然灾害保险在分散社会风险和发挥保障作用的程度越高,越有利于对居民的保障和维持地区经济的持续性发展。而要很好的运营、发展地震保险,建立地震保险法律制度并不断完善就显得尤为重要。世界上各主要地震灾害国家都建立了地震保险法律制度,也在不断与实践磨合。我国作为深受地震灾害影响的国家,更应致力于相关制度的研究和建设。[1]

小结

地震灾害是一个频繁发生的自然灾害,很早就出现在人类灾害史上,但由于受到社会制度和经济发展因素的制约,直到 19 世纪末期才出现地震保险的思想。起初将地震纳入保险体系的思想并没有被各国政府及立法机构承认,多数人认为其无法发挥防震减灾方面的作用,也无法得到人民的支持和响应。

---

〔1〕 See Brehm, Gluck, Kreps, Enterprise Risks Analysis, Guy Carpenter & Company, LLC, New York, 2007.

随着人类文明的不断发展,人类活动的范围不断扩大,带来的不只是扩大生产,还有更多地遭受地震等自然灾害的打击。因此,由于不断上升的地震灾害损失,地震保险慢慢被用来保障灾民生活和恢复灾后建设。但新的问题也随即出现:地震保险属于商业保险吗?只需要市场调节即可而不需要政府的主导吗?各国政府都发现,如果仅仅让市场来调节地震保险的各项费用标准(投保费率、赔偿比例),让保险公司作为调节主体,而不从法律上对其进行公益性规定,则很难发挥地震保险的救济功能。要很好地发挥地震保险对国计民生的作用,需要将地震保险定义为政策性保险,并伴有非营利性、强制性等特点。

更为重要的是,应有专门的法律制度对地震保险进行规制,使地震发生后各种赔偿问题能够按照法律的明文规定进行有序的赔偿,制定并不断完善地震保险法律制度是规范地震保险并发挥其作用的最有效方法。在各国地震保险的形成与发展过程中,由于法律、社会文化和经济发展层次的不同,在实践中经历不同地震灾害的检验,不同的国家有着不同的地震保险法律制度。但同时也可以发现,作为预防治理同一种自然灾害的保险法律,不同国家和地区有一些相似的举动,包括理论制度和实践措施:如对现实存在的问题进行研究后出台法律,并应用于实践中,用实践来检验并完善法律;如对一些地震灾害关系国计民生的问题由政府先行到市场主导等。[1] 此外,很多国家还将地震保险从一般商业保险中独立出来,作为一种特殊的保险进行国家干预,采取多种方式给予政策扶持,或直接介入管理,或参与合作管理,或财政补贴,或税收优惠,并以法律法规的形式明确地震保险的强制性性质。

---

〔1〕 参见李凯:《我国巨灾保险共同体的构建与策略研究》,载《财会研究》2010年第4期。

因此,地震保险是一种特殊的保险,其不同于一般商业保险,具有独立性、强制性、政策性等特征。从各国经验来看,地震保险若要很好的发挥防震减灾作用,必须要制定地震保险法律制度,从法律层面上对地震保险进行体系性的规制。

第 2 章　地震保险法律制度之我国现状

新中国成立后，地震保险即受到中央政府的重视，地震保险法律制度也被提出。但由于中间 20 年的停顿，直到 20 世纪 80 年代，才出现对地震保险法的研究，地震保险及相关制度建设进入了一个快速发展的时期。直到今天，我国法律仅《中华人民共和国防震减灾法》第 25 条对地震保险进行直接规定，即“国家鼓励单位和个人参加地震灾害保险”。虽然该法条的制定结合了我国现状和特殊国情，却存在严重问题，既不能很好的促进地震保险的发展，也不能规制保险实际运营中存在的问题，更无法确保地震灾害发生后地震保险发挥保障作用。由于供给和需求两个方面的原因，导致地震保险在地震灾害发生时发挥的作用极为有限。在 2008 年汶川大地震中，整个保险业的赔付共计 18.06 亿元，仅占总经济损失的 0.2%。而根据保监会的统计，截至 2009 年 5 月 10 日，各保险公司共赔付受损农房 28.8 万间，支付赔款

1.82 亿元。[1]

2.1　我国地震保险法律制度现状及问题所在

地震保险大多是在地震灾害发生并造成重大损失后得到重视与发展的，一般都要付出沉重的代价。在我国，地震保险法律的发展经历了一个曲折的过程，具有间断、反复的特点。

2.1.1　以改革开放为界限进行的规范讨论

我国地震保险法律制度的发展从新中国成立时就已经开始，政府及保险行业都制定并出台了一系列法律及相关规范。但由于在 1958 年至 1978 年我国停办了相关保险业务，将地震保险法律制度的发展分割为两个部分。

（一）改革开放之前的规定

1951 年，当时的国家政务院颁布了《关于实行国家机关、国营企业、合作社财产强制保险及旅客强制保险的决定》，是我国最早关于灾难保险的法律规定。这一决定并没有将地震灾害作为保险公司承担保险责任的除外是由，而是作为一般普通火险，由当时的中国人民保险公司进行承保。人保公司为了适应保险险种等特殊情况，同时颁布了《个人人寿保险办法》和《简易人身保险办法》。[2] 在其他一些省份里，农业生产遭遇了地震灾害造成的损失也被包括在巨灾风险保障之中。但在 1958 至 1978 年这 20 年里，国内保险公司停止了保险业务的运营，保险

[1] 参见袁力、王和：《地震保险制度研究》，中国经济出版社 2013 年版，第 113 页。

[2] 参见刘丽、黄明健：《日本大地震对我国构建地震保险法律制度的启示》，载《生态安全与环境风险防范法治建设——2011 年全国环境资源法学研讨会论文集》，2011 年 8 月。

法律制度的发展也受到了限制。

(二)改革开放之后的规定

党的十一届三中全会之后,保险业的发展得到重新启动。保险实务界开始保险业经营和探索,而理论界也不断出现对保险的研究,这同时也促进了地震保险的发展。1987 年国务院民政部开始对七省市的农业灾害进行试点保险,并提供一部分资金作为保险启动款,但由于缺乏硬件配套设施及相关法律制度保护,最终并未取得成果。1994 年,由中国人民银行出台的《关于下发全国性保险条款及费率(国内保险部门)的通知》明确提出,地震灾害应为保险公司承保的险种,属于财产保险范围。1995 年《保险法》正式颁布,并开始实施。《保险法》从无到有,对我国保险业来说是一次质的飞跃,但其中并没有对地震保险的规制,应该说是一个遗憾。1996 年,在中国人民银行下达的通知中将地震灾害造成的损失规定为财产保险的除外责任,其目的在于确保保险公司的稳健经营和长足发展,但地震保险的经营与发展却受到严格的限制。[1]

1997 年之后,先后由中国保监会、中国人民银行等部门成立了各项地震保险课题组,召集了大批地震保险方面的专业人才,包括中国再保险公司、全国各大财产保险公司、国家地震局等单位的高级研究人员。这些课题组都进行了长期的地震保险课题研究,为制定及完善地震保险法律制度提供了政策性框架及科学合理的依据。1998 年颁布的《防震减灾法》是我国第一部直接规定地震保险的法律,也是我国日后地震保险事业发展的法律基础。

21 世纪以后,地震灾害造成的损失越来越大。为了弥补地震灾害

〔1〕 中国人民银行下达了《关于印发〈财产保险基本险〉和〈财产保险综合险条款、费率及条款解释〉的通知》,绝大多数财产保险都将地震风险造成的损失规定为责任免除条款。

造成的损失,国家保监会在 2000 年时通过了《关于企业财产保险业务不得扩展承保地震风险的通知》,扩展了一部分项目作为保险对象,在这些项目遭受地震灾害时,受到的损失由保险公司进行理赔,而不将地震灾害作为除外责任。[1] 2001 年,保监会为了减小行业规范对地震保险发展的限制,又通过了《企业财产保险扩展地震责任指导原则》,该原则对保险公司经营地震保险可能涉及到的承保、分保、公司管理等方面提出了规定和基本要求。保监会的这些做法促进地震保险相关业务的发展,也为我国地震保险专门法立法及相关法律制度的完善提供了宝贵的实践经验。2003 年出台的《建立我国家庭财产地震保险研究报告》是保监会经长期实践研究和经验总结后完成的,对不断发展地震保险,建立地震保险法律体系提供了研究基础,并有力地促进了地震保险法律制度基础问题的研究工作。[2]

随着自然灾害发生的频次不断提高和带来的巨大经济损失,利用保险来分散地震灾害损失成为一个非常有效的手段,其作用也愈加突出。我国在 2006 年之后的几年间分别颁布了《关于保险业改革发展若干意见》《中华人民共和国突发事件应对法》《国家综合减灾"十一五"规划》。[3] 这些法律法规都提到了要建立和完善包括地震保险在内的

---

〔1〕 该通知决定将"关系国计民生、具有重大社会影响的大型项目"作为财产保险业务可以扩展的对象,在遭受地震灾害后由保险公司承担地震责任。

〔2〕 参见袁序成、吴传明:《建立我国地震保险制度的几点思考》,载《区域金融研究》,2008 年第 9 期;王和:《我国地震保险制度建设路线图》,载《中国金融》2008 年第 13 期;胡博硕:《地震保险管理现状及对策》,载《中国保险》2004 年第 9 期。

〔3〕 2006 年国务院公布了《关于保险业改革发展若干意见》,其中提到"完善多层次的农业巨灾风险转移分担机制"和"要建立国家财政支持的巨灾风险保险体系"。2007 年新颁布并开始实施的《中华人民共和国突发事件应对法》第 35 条规定:"国家发展保险事业,建立国家财政支持的巨灾保险体系,并鼓励单位和公民参加保险。"之后国务院下发的《国家综合减灾"十一五"规划》中也规定了"探索建立适合我国国情的巨灾保险和再保险体系"。

巨灾保险体系,并从政策方面对地震保险法律制度提出原则性的建议。[1]

2.1.2 规范在实践中的不足与冲突

我国地震保险制度从中华人民共和国成立初期就已经产生,包括国务院的政策法规,保险行业的行业规定、指导性意见、办法,以及全国人大常委会制定的法律规定,都对地震保险进行了规制和指引。但与其他地震灾害常发国家相比,立法上依然存在很多的不足,在发生地震后的实际操作中也存在很多问题。

(一)未建立地震保险专项基金

每次地震灾害发生后,国家都会紧急进行财政拨款,用来弥补灾害给人民造成的损失和灾后地方重建工作。但明显存在的问题是没有一个专项的基金用于补偿地震损失,即地震保险基金缺失。由于地震发生的不确定性,导致用于弥补灾害损失的资金量太大而必须用到原先有其他用途的款项,暂用这些款项作为赈灾款无形中妨碍了国家的经济建设。而且由于没有地震保险基金的存在,赔偿标准不一,很有可能两次地震灾害造成同样损失却得不到同样的赔偿,不能很好的弥补损失。保险公司对于一般财产保险等规模不大的保险赔偿可以起到很好的分担损失作用,但对于地震等巨型灾害而言,其造成的损失之大、范围之广难以预计,在世界范围内都没有一家保险公司能够承担完全责任。保险公司多将地震保险作为单独保险或以附加险的形式进行承保,但最终的损失承担者都是政府,政府始终充当"最终保险人"的角

---

〔1〕 参见何霖、李红梅:《我国构建巨灾保险法律制度的必要性探讨》,载《四川文理学院学报》2009 年第 6 期。

色。[1] 在不同的历史时期和社会形态中,政府赔偿对于弥补灾害造成的损失而言,都是极为重要的。

我国政府每年财政预算中都会有一部分用来应对地震等自然灾害,但没有将各种自然灾害区分开,没有单独用于地震灾害的财政预算,有关部门更没有为地震保险的发展提供必要的制度支持。

(二)保险费率粗放

地震灾害不同于一般商业保险中的其他保险对象,发生具有不确定性和一旦发生将造成严重损失的特点。地震保险在实际运营中缺乏科学的定价依据,地震灾害使保险公司承担巨大的风险,但地震保险的投保费率却无法与之相适应。例如,前文所述的日本、新西兰等地都存在地震保险费率粗放的问题,只是将地震保险做为附加险依附在主保险之上,并根据主保险的费率来确定地震附加险的费率,难以体现其科学性与合理性。

(三)缺乏有效的损害分摊机制

如何应对风险,保险行业往往采取两种方式,即将风险转移到其他领域——风险转移,和利用自身的体系优势等将风险自我消化——风险自留。地震灾害具有很大的威胁性,一旦发生会对整个地区甚至是国家带来巨大的灾难,关系到国计民生。袁宗蔚认为,商业保险利用市场优势不断发展和扩大保险业务,通过有效地货币投资或优化保险资金的管理等方法,能够达到一定的保险事故赔偿准备金规模,甚至可承担某些灾害风险,但这一发展过程是十分艰难的,成功率也不高。[2] 因此,将地震灾害造成的损失完全依靠保险公司来赔偿肯定不现实,需要国家、居民、保险公司一起,建立有效且多样的损害分摊机制,在地震

---

〔1〕 参见梁瑞莲:《浅谈我国地震保险制度的建立》,载《自然灾害学报》2009年第2期。

〔2〕 参见袁宗蔚:《保险学——危险与保险》(增订34版),首都经济贸易大学出版社2000年版,第123页。

灾害发生后能够及时应对,齐心协力分担地震灾害的损失。

(四)灾害损失评估方法不科学

由于缺乏硬件设备和专业研究人员,在灾害发生后不能进行准确的损失计算。因此,对每次地震灾害造成的最大损失研究更多的只能是定性分析,无法量化到具体数字,也缺乏必要的量化指标。保险公司对于地震发生风险的安排方案不具有针对性,无法满足地震常发区的实际需要,限制了地震保险的发展。[1]

(五)法律效力层级低

在整个法律体系中,具有最高法律效力的是宪法,任何其他法律都不能与之矛盾,否则即为无效。其次为全国人民代表大会及其常委会制定出台的法律制度,其效力在宪法之下,不得与宪法精神相违背。[2]国务院制定的行政法规,其效力低于宪法和法律,但高于部委及地方的规章办法。虽然我国制定并实施了《保险法》,但在其187条条文中并没有对地震保险的规定,《防震减灾法》也只有1条条文进行鼓励性的规定,没有涉及地震保险的保险费率及计算方式、保险覆盖范围、保险公司及投保人/被保险人的权利义务关系等实质性问题。我国目前对地震保险的规定散见于国务院的行政法规以及保监会、中国人民银行制定的"通知""决定"等形式的规范性文件,效力层级较低。

(六)下位法与上位法存在冲突

《防震减灾法》与中国人民银行颁布的《财产保险基本险》是上位法与下位法的关系,对同一内容的规定存在矛盾。[3] 人民银行的规定

[1] 参见吉玉荣:《浅议地震保险制度》,载《审计与经济研究》2008年第8期。

[2] 参见黎晓武:《论人民代表大会制度下司法对规范的违宪审查》,载《法律科学》(西北政法大学学报)2003年第4期。

[3] 《防震减灾法》第25条规定:"国家鼓励单位和个人参加地震灾害保险。"而同样是关于地震保险的规定,中国人民银行《财产保险基本险》却完全相反,其第7条指出:"由于下列原因造成保险标的的损失,保险人不负责赔偿:……(四)地震、暴雨、洪水、台风……"

将地震风险作为财产保险的免责事由，在发生地震灾害后保险公司可不进行赔偿，这与《防震减灾法》的法律精神恰恰是违背的。[1] 各法律条文的规定不一致使得保险公司在开展相关保险业务时受到牵制，限制了地震保险事业的发展，更不能保障灾民的生活和灾后重建工作。导致这一现象的原因在于地震保险业务涉及多个部门，各部门之间由于没有统一的安排与共同的利益考虑，做出的规定往往与上位法冲突。

此外，社会公众投保意识薄弱也是地震保险在我国效果不显著的原因之一。我国社会传统的保守思想较为严重，人民深受其影响。对类似于地震灾害等发生概率极低的自然灾害而言，人们多抱有侥幸心理，认为很难遭受这样的损失，因此也不愿意购买地震保险。而且，历来发生巨型灾害后，国家都会采取紧急措施，通过财政拨款等方式对灾害损失进行补偿，对灾民做到尽可能最好的安置，使得社会公众对政府产生强烈的依赖心理而不主动购买地震保险。因此，应该从法律上加强社会公众对地震灾害的主动防御能力，通过法制建设、法制宣传等形式提高民众投保意识。

2.2　产生问题的原因分析

城市化进程的不断加快和人口数量的爆炸性增长使得我们与多种不宜居的自然环境关系越发紧密，可能遭受损害的风险也不断加大。就我国地震保险法律制度而言，诸多问题产生的原因在于传统保险法律制度并没有针对地震保险制定专门的法条，也没有根据地震灾害的

---

〔1〕 参见冼青华：《论我国巨灾保险立法的历程、现状与改进》，载《重庆理工大学学报》(社会科学版)2010年第2期。

特点从保险法上进行预防和应对。如前文所说,保险分担风险是建立在可保性原理上,是以“大数法则”为核心的,而传统保险法律制度在针对地震灾害造成的损失上应进行适当的调整。保险公司承保的风险具有共同的特点,分别是:第一,该风险具有承保价值,即具有经济上的可行性;第二,符合大数法则,存在很多相同的保险标的;第三,损害的发生不是有规律可循,要具有偶然性;第四,损害的概率分布情况可以通过长时间的观察和计算得出;第五,损害的具体数额是可以确定的;第六,能够通过计算等方法将损害的数额大小量化得出。[1] 从实质上分析,地震灾害的风险特征是无法用损失的静态分担模式得出,而传统保险法则是建立在这一模式的基础之上。从形式上分析,地震灾害不应被纳入保险法的调整范围,其发生频率、造成损失不符合传统保险法律制度的承保要件。

2.2.1 不完全预测和计算性及损害的普遍性

传统保险法确定保险费率的标准是要对长期同类风险发生时造成损害的程度大小、发生的次数、损害范围等数据进行记录、分析和统计,在总结经验和数据研究的基础上计算具有可保性风险的发生概率,并制定保险法律制度针对特殊风险,即要求风险造成的损失具有偶发性。从保险技术层面进行分析,由于地震灾害具有不完全预测和计算性,只是依靠灾后的统计数据和经验是无法计算出地震发生频率的。而传统保险法律制度是以大数法则为基础,即针对保险事故发生后收集到的数据和经验来获得事故发生的区域、频率等数据。

另外,传统保险法中保险费用高低与投保者数量的大小密切相关,保险事故发生的风险会在大量投保者中稀释,具体到每个投保者所

---

〔1〕 参见孙祁祥:《保险学》(第 3 版),北京大学出版社 2000 年版,第 23~28 页。

要承担的责任自然会降低很多。[1] 若投保主体多,则保险费用较低,若投保主体较少,则保险费用相对较高,两者的关系表现为负相关。对于整个社会而言,地震灾害的发生具有偶然性,可能在东北,也可能在四川,还可能在云南。但是相对于某一地区而言,一旦发生地震灾害,影响的范围将是一大片区域,该区域内的所有投保主体都将遭受毁灭性打击,造成的是一种普遍性损害。我们知道,单个保险事故的发生当然不会妨碍保险公司的赔偿问题,但当一个事故的发生带动其他保险事故一起发生时,对保险活动的进行将产生严重的影响。地震灾害的特点之一就是在一定区域内具有造成损失的相对集中性,这与财产保险、人身保险等的矛盾在于传统保险对保险事故所造成的损失要求为单个发生,即不具有相对集中性,损失的分散性是风险分摊的基础。[2] 由于地震保险具有不同于一般商业保险的特征,传统保险法无法对其进行有效调整,甚至会导致一些问题的出现。

2.2.2 损失的巨额性和波及性

地震灾害造成的损失一般都以亿计,普通保险公司无法也不可能承担其造成的损失,弥补损失造成的赔偿数额也远远超过保险公司承担的范围。商业保险公司具有逐利性,其制定的保单承保范围极其有限,一旦无力承担损失势必会造成保险公司破产,而保险公司破产后,更无法对地震灾害的损失进行赔偿。

商业保险公司承担其无法完全赔偿损失的保险项目时,往往会采取再保险的方式将风险分散出去,力求自身发展的同时避免风险过

---

〔1〕 参见黄俊辉:《巨型灾害保险法律制度的构建》,载《国家检察官学报》2007年第3期。

〔2〕 参见刘新立:《巨灾风险成本如何分配》,载《中国保险报》2006年第2期。

大,利用市场来消化可能造成的损失。也就是说,评估一种风险能否被保险公司承保,除了保险公司自身的实力以外,还受到再保险公司数量的多少和保险财力是否雄厚的制约。在面对地震灾害时,商业性的再保险公司往往不会主动承担再保险责任。受制于行业规模的局限,再保险公司并不愿意主动承担地震保险业务。客观上说,考虑到再保险公司自身不具备承保能力,开展地震保险不利于再保险公司自身的发展,无法承受地震灾害带来的损失赔偿责任。市场运行机制亦无法使再保险公司分担保险公司因承保地震灾害所造成的损失,不能发挥其作用。原因在于地震灾害造成的损失需要进行分摊,本应由再保险公司提供资金承担责任。这是符合社会需要的,受灾害的居民得以获取赔偿。但对于再保险公司而言,当前缺乏政策上的补贴和法律的支持,因此可获收益非常小,或者毫无收益,严重损害了私有部门为了经济利益而提供资金支持的源动力。因此,我们发现,地震灾害的保险并不在商业保险公司必须承保的范围内,同时《保险法》也没有强制性条文要求保险公司承保地震保险。

2.2.3 普遍的逆选择现象

法律是最低限度的道德。[1] 一般性的风险防范法律制度无法规制投保者的道德风险,也无法规避逆选择现象。地震灾害的特点之一是损害发生具有一定地域上的相对集中性,这一特性决定了地震保险的投保比其他任何一种商业保险都更具有逆选择的可能。对此,常规的道德风险防范法律制度是无法起到调整作用的。在自愿性的保险法律制度下,发生地震灾害概率较高地区的居民会选择投保地震险,而发生概率较低的居民一般不会投保,这就导致地震灾害一旦发生,保险公

〔1〕 参见刘长秋:《法律介入道德:基础、限度与对策》,载《东方法学》2012 年第 1 期。

司将承担更重的损害赔偿责任,即收到的保险费用和支出的保险金不成比例。由此,保险公司基于其逐利的特性,或者说为了获得更多的资本、扩展更大的业务,保险费率的提高必不可免,而提高费率必然导致投保费用相应提高,进而导致原来投保地震险的人群中相对发生地震灾害概率较小的地区居民放弃投保地震险,在发生地震灾害后,保险公司的费金比例又无法实现收支平衡。这样一来,不但保险费用不断上升,而且投保人数会不断下降,陷入恶性循环。而且,投保人出于利己心理,在投保地震保险后,原来其自身应对地震灾害做出的一些防范措施会减少,地震灾害一旦发生,造成的损失会比保险公司预估的要大,使保险公司承担了很多额外的赔偿责任。由于与预期赔偿额不等,保险公司最终会选择放弃该项保险业务或面临破产的局面,而地震灾害发生后人们的损失得不到弥补,国家的经济建设也得不到保障。

地震灾害的涌现为现代社会的灾害管理理念带来巨大挑战,人们不断深入地对保险理论进行研究,为地震保险法律制度的建立和完善奠定了基础。保险的产生和发展,其功能在宏观层面体现为对社会各类型风险进行整合,使其交易成本和规避成本得到降低,在微观层面体现为对社会中出现的各种风险,包括人为风险和自然风险的分散和对损失的赔偿。[1] 随着社会的发展,地震灾害对人类造成的危害不断加大,是否将地震灾害纳入保险范围引发了全社会的强烈争论。很多保险界人士认为应强化保险立法,改变保险公司的承保模式,将以往只承保静态和纯粹风险扩大为同时承保动态和不纯粹风险,使地震灾害能进入保险公司承保的范围。现实社会需要强化和规范地震保险,并发挥保险在弥补地震灾害损失方面的功能。因此,先从理论进行回应,从总体上确定地震保险发展的宏观方向,是制定地震保险法律的

〔1〕 卓志:《入世三年保险理论研究综述》,载《保险研究》2005 年第 1 期。

必经之路。[1]

地震保险具有不同于其他商业保险的特征,不能仅仅依赖于市场进行规制,还要利用法律手段。地震保险法律制度在应对现实情况时存在一些问题,或是由于传统保险法的不足所致,或是由于地震保险法律制度的缺位而为,仍需进一步完善。因此,针对我国地震保险法律制度的现状及存在的问题,要制定并完善相关法律制度,使地震保险更好的发展,更好的发挥其在应对地震灾害方面的功能。正如党的十八届三中全会发布的《中共中央关于全面深化改革若干重大问题的决定》所说:"完善保险经济补偿机制,建立巨灾保险制度。"[2]

2.3 建立地震保险法律制度的必要性和可行性探讨

地震灾害对于我国而言具有悠久的历史,无论是在古代,还是在近代,只要是有对灾害的记载,就能看到对地震的描述。有数据表明,我国所有的省市、自治区都遭受过六级以上的地震灾害,自2000年以来,由地震灾害造成的损失就在2万亿元以上。根据国家地震局的资料显示,我国绝大多数百万人级以上城市都分布在7级及以上的地震易发区,占百万人级城市总数的70%。地震灾害在我国的特点很多,有与其他主要地震国家共通的,如发生次数多、损害强度大,也有不同于其他国家的,如我国由于国土面积宽广导致地震灾害分布较广等。由于城市化进程的不断加快、人口数量的激增、经济高速发展、地方财富积累愈加,地震灾害成为人们日常生活和国家发展中不得不面对的巨

[1] 段开龄:《风险及保险理论之研讨——向传统的智慧挑战》,南开大学出版社1996年版,第59~60页。

[2] 《中共中央关于全面深化改革若干重大问题的决定》第1条第12款,2013年11月12日中国共产党第十八届中央委员会第三次全体会议通过。

大隐患,它限制了区域性的经济建设,对同一地区造成的损失逐次提升。为了降低地震灾害可能对日常生活产生的不利影响、缓解其对经济建设的冲击,需要结合我国现阶段的社会主义市场经济发展状况和制度安排,利用各种资源,探索进行灾后救助和恢复重建的新方法,寻求新途径。[1]

2.3.1 必要性——为地震灾害赔偿提供融资支持

随着地震灾害越来越严重,防震减灾工作也越来越被重视,而发展并完善防震减灾工作,首先应建立地震保险法律制度。我国目前针对地震等自然灾害的救助资金主要源于政府财政拨款,将政府的资金支持用于灾区受损建筑修复和地区经济重建工作,必要时还用于对灾民的应急救助。这一措施的优点在于政府作为赔偿主体具有强大的公信力和稳定性,确保灾民可以得到救助。不足在于,政府用于灾害救助和灾后重建工作的资金极为有限,不能也很难实现对灾民的适当补偿和满足地区灾后重建工作。[2] 而根据我国私有经济的发展,民间财富不断积累,地震灾害造成的损失中,个人财产的损失已占到很大的一部分。国家财政对自然灾害的救助拨款往往针对个人的只是满足其生活上的基本需求,而不考虑不同受灾主体在地震灾害中受到的实际损害的差异,按地区采用统一的标准,实际上并没有考虑到具体情况的不同,有失公平。地震保险的实施可以很好的解决这个问题,地震保险的投保对象大多是个人或企业,对地震常发地区的个人和企业财产能够起到很好的保护作用。对灾害造成的损失进行经济赔偿是防震减灾的

---

〔1〕 参见孙尧、周刚:《浅谈抵御地震灾害减少损失的地震保险新理念》,载《工程抗震》2003 年第 4 期。

〔2〕 参见孙煜:《浅谈地震保险的必要性及其作用》,载《东北地震研究》2002 年第 2 期。

一个措施，而制定保险费率的法律规范、规定居民需缴纳一定保险费用同样可以促使灾区居民提高防范意识，从而达到降低灾害损失、提高防灾能力的目的。[1]

地震保险是城市建设和社会各项事业稳步发展的重要保障措施，而地震保险法律制度的建立和完善对于地震保险及其相关的金融保险服务来说至关重要，是稳定金融、财政、经济等部门运行的基础性制度，可有效防止保险标的和保险业自身的可能风险，是一种内在的稳定机制。[2] 一旦发生地震等自然灾害，我国主要的损害补偿责任都是由政府财政拨款承担的。而发展地震保险则可以改变这一情况，将地震灾害的损失分摊到多个部门组织，包括保险公司、再保险公司、地震委员会等，当地居民购买地震保险的行为实际上也是承担可能出现灾害损失的一种方式。发展地震保险对于保险公司来说不仅是风险也是一个契机，一方面可以完善保险公司的业务能力，另一方面也是与国内其他保险公司、再保险公司、国际保险公司进行交流合作的机会，有利于与国际保险市场接轨。保险公司想克服风险，离不开政策和法律支持，其中首先应当解决的是制定地震保险法律制度。

地震保险法律制度是缓解国家财政拨款压力的法律支持，是对地震风险分担的强力保障，是我国地震风险防御和地震灾害救助的迫切需要。法律的作用在于通过制定制度规范社会活动，使之按照一定的秩序进行并达到某种预设的规范效果。[3] 地震保险法律制度的建立所能达到的规范效果即为将原有发生灾害后单纯依靠政府财政拨款或民间捐助转化为多种分散风险和赔偿损失途径，通过保险公司承保地

---

〔1〕 See Springer/Gerhard Wagner, Tort Law and Liability Insurance. New York, 2005.

〔2〕 朱建钢：《我国开展地震保险的必要性、有利条件、模式选择》，载《四川地震》2004年第4期。

〔3〕 Munich Re, Topics: Natural Catastrophes 2006 Analyses, Assessments, Positions, 2007.

震保险,使保险业加入到地震灾害的防范和分担中。其目的在于既能快速赔偿损失、充足重建所需的资金,也能够作为政府灾害拨款的有力补充,防止因资金问题影响其他各项事业的发展。而且,通过制定地震保险法律制度,明确了承保公司与投保者之间的权利义务关系,为保险公司开展地震保险业务提供了法律支持,保障了保险公司与同业之间、再保险公司、国际保险公司等开展合作交流的需求,为促进保险公司的发展提供了制度支持。

依法治国,是我国向富强、民主、文明迈进的必然之路。在现情况下,制定地震保险法等相关地震保险法律制度符合我国法制化发展的要求,《保险法》《防震减灾法》等法律或明确了要建立地震保险,或为地震保险的发展提供法律依据。我国是地震灾害频发的国家,尤其是2008年汶川地震以来接连发生地震灾害,亟须开展地震保险。一些保险公司已效仿国外经验试行部分地震保险业务,这反映出保险行业对开办地震保险业务的态度。

因此,笔者认为,只要有适当的地震保险法律制度支持地震保险业务的发展、规范权利义务关系、明确地震风险防范措施,就可以在我国开展地震保险业务。地震保险法的研究和实行,不仅保障和促进了经济发展,也是我国不断法制化的表现,体现法律权威性。

2.3.2 可行性——有利于明确各参与主体的权责义务

对建立地震保险法律制度的可行性分析,应从以下三个方面进行:第一,地震保险法律制度对政府的规范是否适当,能否明确政府的职责和义务,能否显著提高社会效益;第二,地震保险法等法律的制定能否确保保险公司稳定经营地震保险业务;第三,地震保险法所规范的地震保险是否有足够的参与对象,即是否有足够的投保人和适格的承保主体。

以中国平安保险公司参与汶川地震灾后赔偿工作为例，在其总赔付资金16.6亿元中，有近一半的赔偿给了国外的一家水泥公司。[1] 在汶川地震发生之前，我国并没有如此大规模的自然灾害，在完全没有先例的情况下，国内企业和国外企业在预防自然灾害时采取了完全不同的做法。通过这一案例我们发现，国内企业对于预防和抵御地震等自然灾害的意识非常薄弱，国外企业却有很强的意识。此外，不同的风险管理机制往往能够产生不同的效果，国外企业基于其成熟且科学合理的风险管理机制，在遇到即使是汶川地震这种大规模的自然灾害时，同样可以在最大程度上减小损失。随着我国经济的不断发展，包括法律在内的各项制度的不断健全，人们财富的增加和防灾意识的提高，地震保险的投保人数理应不断上升。如何使财产不因地震灾害的发生而减少，保障财产的安全，是投保人关注的焦点问题。地震保险法律制度的出现，从法律层面对地震保险涉及的各个方面进行规范，解决了投保人的后顾之忧，为个人和企业的财产安全提供法律层面的保护。

地震灾害由于其自身的种种特性使其成为具有巨大风险的自然灾害，而承担分散地震风险的地震保险同样具有较大的风险性，因此需要政府、行业协会等多部门的配合，将风险降低到可承受范围。[2] 地震保险不同于其他商业保险，其发展必须要有相关政策与具体规定支持，如对免责条款的规定，对最大赔偿额的规定，以及对多层分摊灾害损失的规定等，这些规定可以降低保险公司承保地震保险的风险，提高其积极性，促进地震保险的发展。[3] 地震灾害之所以长期以来都作为

---

〔1〕 汶川地震后中国平安保险公司总赔付额为16.6亿元，但其中有7.2亿元赔付给了“拉法基瑞安水泥有限公司”。拉法基公司购买的是财产一切险，其中扩展了地震责任。

〔2〕 参见卢大伟、刘博：《我国建立地震保险制度的探讨》，载《自然灾害学报》2010年第10期。

〔3〕 参见马凤霞、范强：《实施地震保险的探索》，载《山西地震》2009年第1期。

保险公司承担赔偿责任的除外条款,原因在于风险较大,单独保险公司很难承担可能产生的责任,而日本、新西兰等国家的保险公司经营经验告诉我们,在签订地震保险合同条款时,其中会有一些条文限定或减轻了承保地震保险的风险,可为我国所借鉴。采取必要的措施可达到降低地震风险的目的,例如政府提供政策支持和辅助为地震保险公司提供税收优惠和一定的补偿贴现,同业保险公司和再保险公司为地震保险提供再保险业务分散风险,设立地震保险基金并合理运营使之增值为赔偿灾害损失提供补充资金支持。

随着经济的发展,政府财政拨款已经无法满足我国现阶段的灾害发生和灾后损失赔偿要求,这种依靠政府进行救助的体制应进行调整和改变。现行的救助体制表现为灾害一旦发生,所有补偿、安置、重建等款项都由政府提供,民间捐助只能在局部地区开展,为少数人提供援助,不能很好地分担政府压力。因此,单纯依靠政府来防御和治理灾害难以产生很好的恢复效果,而且随着损失数额不断扩大,各种问题不断涌现。地震保险的优势在于既没有增加政府的财政压力,同时调动了广泛的社会力量分散地震风险。汶川、玉树、雅安地震的发生严重影响了地区经济的发展,对当地居民的正常生活造成了毁灭性的打击,而政府救助的局限性导致灾后很多问题都不能得到很好的解决,救助体制的改革势在必行。当问题的出现已经严重影响到灾区居民的生活时,对防治灾害新形势的呼吁愈加强烈,推动开设地震保险的时机已经成熟。

除了要符合时机,地震保险业务的开展还需要一定的科学性基础。构建地震保险体系,首先需要对地震灾害进行数据上的调查和取样研究,需要构建地震保险构架、地震再保险构架,对可能造成损害的地区进行统计,对地震灾害造成损失数据上汇总与类型化,最后在所取得的研究数据和结论的基础之上准确地分析出地震灾害所造成的损失及损失数量级概率曲线。[1] 20 世纪 80 年代我国一些学者和研究机构就开始对地震保险进行了研究。20 年来的发展和尝试,我国对地震发生频率不同地区的保险费率的厘定和对地震灾害的损失评估都有了较为科学的计算方法,对国内再保险分保和国际市场上风险分担都有较为深刻的研究,为开展和发展地震保险及相关制度建设奠定了夯实的基础。[2]

综上,笔者认为,在我国建立地震保险法律制度确有其必要性及可行性,在具备政策指引、法律制度保障、计算方法等相关技术支持的前提下,发展地震保险,制定地震保险法律制度有利于发展经济、弥补损失,提高灾后重建能力。

小结

中华人民共和国成立初期我国政府就颁布了各项“决定”“办法”应对地震等自然灾害。虽然在之后的 20 年停办了保险业务,但自 1978 年起,由于政府提出新的发展经济政策,积极鼓励发展保险,为保险行业提供各项便利支持,包括地震保险的整个保险行业的发展都得到了大的提升。特别是 1997 年《中华人民共和国防震减灾法》正式被全国人大常委会通过并于第二年施行,在这部法律中第一次提到了地震保险,为法律规范地震保险开了先河,有利于地震保险及相关业务的发展。

国家地震保险事业发展离不开相应法律。由于其自身的特点和与传统保险法律制度的摩擦,地震保险法律制度在实践中仍然存在许多不足之处,具体如下:没有建立地震保险专项基金、保险费率粗放不科

---

〔1〕 参见刘如山、王自法:《地震保险中经济损失和赔付问题的研究》,载《地震学报》2006 年第 2 期。

〔2〕 参见任晓崧、凌海梅:《考虑结构抗力因素的建筑物地震保险纯费率厘定方法》,载《地震研究》2009 年第 2 期。

学、缺乏有效的损害分摊机制、不具有可操作性的地震灾害损失计算方法、现有的地震保险法律制度效力低以及地震保险法律体系内部的不协调,这些问题都制约着地震保险法律制度在弥补地震损失和恢复灾后重建工作中的作用。

随着社会的发展和人类的迁移,地震灾害对人类的影响越来越大。例如从保险技术层面进行分析,由于地震灾害具有不完全预测和计算性,只是依靠灾后的统计数据和经验是无法计算出地震发生频率的。而传统保险法律制度是以大数法则为基础,即针对保险事故发生后收集到的数据和经验来获得事故发生的区域、频率等信息。而地震灾害造成极为严重的损失,普通保险公司无法也不可能承担,弥补损失造成的赔偿数额也远远超过了其责任承担能力。2009年后的《保险法》也并没有对投保人投保地震保险增加规制,无法预防可能引起的道德风险,也无法规避逆选择现象。

因此,要想改变地震保险法律制度的现状并解决实践中存在的问题,需要建立并完善我国相关法律制度。通过必要性和可行性分析,笔者认为,应从以下几个方面着手建立地震保险法律,并同步完善相关制度:第一,要发挥政府在制定相关法律制度中的主导作用,制订地震保险计划,并牵头成立地震保险委员会;第二,完善地震保险专门立法,包括增加对投保费率、保险赔偿额度、投保主体等方面的规定;第三,建立地震保险损害分摊机制,充分利用地震再保险、地震保险委员会、资本市场等机制。

第3章　地震保险法律制度之政府职能

地震灾害有其独有的特点，尤其是潜在的可能爆发大规模灾难的严重性，加之其范围和程度都很大，没有一个单独的风险管理解决方案可以覆盖每个可能发生的地震事件。随着灾害损失的扩大，保险公司和政府开展合作的必要性加倍凸显。政府不仅可以出台法规、政策等法律性文件对地震保险活动进行间接管理，还可以通过参与灾后赔偿的方式直接加入到地震保险中。过多地公共干预可能是僵硬的、干扰性的、不相关的，最终有可能被滥用或被忽略，而过多地依赖于保险公司可能导致缺乏协调或融资不足。因此，平衡政府和保险公司等承保地震险的私营部门的举措是整个地震风险管理的重要组成部分。在大地震发生之后，强化公共稳定至关重要，否则整个社会结构就会受到威胁，导致更大的经济损失和信心丧失。综上，提高政府职能能够引导地震保险运营，强化地震保险在灾害中发挥的作用，对政府职能的研究是对我国地震保险法律制度研究的重要一环。

3.1 政府职能性质的具体认定

政府在地震保险中发挥着重要的作用,有其自身的职责和功能。但是,政府职能在保障地震保险运营时,必不可少的会遇到一些问题,需要对其进行性质分析。

3.1.1 自愿性还是强制性措施

政府部门面临的重要问题在于,主导地震保险所确立的法律制度是完全由市场决定,参保究竟要以保险自愿原则为主,还是依据法律明文规定,突出其强制性,尚待解决。将地震保险定位于自愿性保险的优点在于可降低政府的干预,减少行政成本,但这种做法可能产生更高的事后成本,例如给予受影响方更多的补助或贷款,使得这类措施的效果极其有限。如果以正式的法规或法律的形式颁布执行的措施需要得到强制性贯彻,对措施进行管理和监控的成本会上升,虽然有效地执行会使事后成本下降。而且,政府对保险公司过多的影响,甚至于公司内部日常事务的频繁干预,这也会降低保险公司的运营效率和承保地震风险的能力。

(一)住宅建筑标准

例如,就制定严格的建筑标准以保护商业建筑及住宅建筑结构免受地震灾害影响而言,如果建筑标准的实施是自愿性的,开发商和建筑商也许会忽略这些标准,因为这些所谓的标准会增加一些额外成本,而这些成本使一些开发项目变得“不经济”。但同时这也意味着,房屋的标准仍维持在原来的水平,从而保险公司和政府将承担由于建筑标准较低而带来的更多的损失。如果政府强制性的要求必须遵守建筑标准,则房屋的开发将被延缓、暂停或转移到其他更具“灵活性”的地区。然而,虽然灾后成本会下降,但检查标准执行情况、审查建设计划等相关费用会不断上升。

当然,针对这一情况,最佳的方法并不是采取哪一种或直接能够发现的,实际上可以根据具体情况而采用不同的方法。利用一些折中的方案,例如可以向那些遵守标准的单位提供必要的资金贷款,虽然这一做法也会增加适当的成本,但相对于完全使用一种方法而言,其成本还是比较小的。同样的分析也可以用于为适应新的自愿性标准而改进现有的房屋结构。研究表明,即使是住在地震常发地区的居民,也不愿意修葺房屋,原因在于很难证明为避免低概率的地震灾害而增加房屋的开支具有合理性。即使翻新房屋对房主有较大的潜在收益,其经济负担对于房主来说也是巨大的。

这一观点也可以应用在地震常发地区居住的居民或经营的机构对待购买地震保险的问题上。强制要求居住在地震高风险区域的居民或公司购买最低水平的地震保险保障是一种可行的措施,可以强化保险公司在防震减灾的作用。但出现的问题是可能会迫使部分不愿意购买地震保险的人们移居到没有强制性要求购买地震保险的地区。只推荐购买地震保险,甚至是以较低的价格以有补贴的方式提供一定的保险额,也不一定会引起较好的效果。

(二)保险费率的厘定

另外,在保险费率的厘定上也体现出自愿性和强制性的差异问题。有些国家和地区,全国性或地域性的保险监管机构被要求对巨灾或非巨灾保险的保费进行审批,审批的目的在于使得投保主体不会因为购买必要的保险而缴纳过高的保险费。这一举措用在低损害度、高爆发率的灾害上效果较为明显,但用在地震保险中却难有成效。我们知道,对于地震保险而言,如何确定保险费的价格是一个难度较大的问题，保守或乐观的定价水平都无法证明其合理性。也就是说，即使利用法定的方法和程序，也不一定能带来公正的决策。保险公司可以根据其长期承保的经验，保险事故发生后的数据以及风险模型等计算上一个保险费率，但政府对该费率可能不会完全接受，而认为其不符合政府上的保障性要求。

政府强制要求降低费率后，会对保险公司进行一定的补贴。短期看这种补贴可能会对保险公司有利，给予其实质上的优惠。但政策会不断变化，不能完全保障保险公司的利益，最终使得保险公司不愿意按照“补贴性费率”继续承保。当政府要求保险公司保持最低偿付比例时，承保者往往很难维持，结果导致低承保的局面出现。而当保险公司不按照政府制定的合理费率计算保险费时，则不能证明其使用保险费是合理的且符合偿付能力比率要求，必须减少其高危险度、随机发生的地震保险业务。

但是，如果允许保险公司自主定立保险费率，虽然一定程度上提高了保险公司承保地震保险的积极性，但给了保险公司利用保险费率对投保者进行价格欺诈的机会，无法保护投保者的利益。因为在这种情形下，投保人无法选择其他方式分散地震风险，只能按照保险公司的价格购买地震保险。最终的解决方案只能是政府强制性干预保险公司的保费厘定过程。但存在例外情况。如果保险公司通过风险模型或数据分析能够证明其费率是通过科学的手段计算出，具有合理性，原则上应该允许其使用该费率。而随着科学技术的发展，随着风险模型的仿真程度不断增高，对保险费率的厘定势必会越来越科学及合理，同时政府对于保险公司的承保行为做出的监管也将更加公正。例如，在美国佛罗里达州，飓风损失预测方法委员会积极参与对风险模型准确性和定价合理度的评估。实际上，对于保险费率的问题，法律规定也可以起到很好的规范效果，下一章将专门就法律如何规制地震保险费率的厘定进行论述。

综上,笔者认为,对于政府职能性质为自愿性还是强制性的界定应结合不同国家、地区的不同情况而言。我国保险法律基础薄弱、民众保险法律意识低,如果要将主导地震保险所确立的法律制度定性为完全由市场决定,以自愿性为主,则很难发挥地震保险法律的作用及政府的职能,应以强制性为主,但不是完全的强制性,同时明确法律条文对地震保险各个环节的规定。

3.1.2 政府责任及参与程度的界定

政府地震风险管理中扮演怎样的职能角色是立法前必须考虑的一个问题,这直接关系到政府的干预能否与保险公司的业务产生良好的化学反应,影响政府职能管辖程度的因素包括保险公司的融资能力与风险管理能力、政府行政机关管辖权范围、社会环境等方面。从各个国家的职能分配情况来看,政府主要是对公共财产进行建设和保护,例如医院、公立学校、公路、铁路以及受损于飓风、洪水等其他自然灾害之下的私有财产,而保险公司主要承担对私有财产的保护,包括私营企业的财产和个人财产。如果保险公司无法赔偿全部损失,没有赔偿的部分将由政府承担,只有在保险公司发展起来后具备一定的资本,但这往往需要若干年甚至几十年。

但上文所说的是一种理想的责任形式,现实往往是复杂且具有挑战性的。假设存在一种情况,即保险公司已具备防范风险的功能且完全符合应用到实践中的各项条件,但一些风险的特殊特点,例如地震灾害的地区性、恐怖袭击的损失无限扩大性等,使得这些风险承保机构不愿意提供保障,具体形式包括不愿提供新的保单、对新的保单收取超额的费用、取消现有保单或使之失效。当然,这不仅仅是理论上的讨论,现实中也存在类似的案例。[1] 有些国家以立法或政府颁布规定的形式限制保险公司等风险承保者向投保人收取保险费用的最高值，其中设置不允许保险公司在没有特殊原因的情况下将已签订的保险合同取消的条款，通过这些方式干预保险公司侵犯投保人利益的行为。当然，政府的这些措施与市场经济所要求的自由化是相违背的。

此外，政府还会要求保险公司按照其要求提供赔偿损失的融资计划，而对于其认为不合理的保险公司赔偿损失方式予以拒绝和禁止。这种措施有利于政府对保险公司地震保险业务的控制和把握，但负作用之一是加重了保险公司的融资负担。如果保险公司不能按照法律或相关规定进行融资导致准备金不足，要么无法开展地震保险业务，影响企业的发展，要么需要对未来的、未知的、是否发生不具有明确性的损失准备资金。这不利于对资金的充分利用。如果可以形成一种暂时的或者永久的全行业超额再保险，分散地震灾害的风险，或采用分期的形式，将保险公司融资总数额分阶段进行，是较为可行的方法。所以，总体上对地震保险的保险机制进行规划，有利于发挥地震保险的保障作用，即使某一个保险公司的保险机制出现了问题，也不会影响到地震保险产品功能的发挥。这种观点在理论上具有可操作性，对现实很有启发，但也存在潜在的不足和问题，例如会造成过度的政府干预、道德风险无法控制、指数选择困境等。

还需进行讨论的是，政府应当与保险公司对地震风险的不可承保程度的大小达成共识。只有在风险可保的前提下，保险才能够发挥作用。而在发生灾害造成的风险不具有可保性时，政府的参与度可能会暂时或永久性地增加。但这里所说的并不是一尘不变的，而是随着风险机制的变化而不断变化。例如，在"9·11"恐怖事件后，恐怖主义风

〔1〕 美国"9·11"事件之后的恐怖主义保险，安德鲁飓风之后的飓风保险都是如此。

险被保险行业认为不可保风险,并取消了相应的风险保障。而正因为有此情况的出现,美国政府参与到各种巨灾保险中并在几年时间里创设了恐怖主义风险保险法令(Terrorism Risk Insurance Act,TRIA)。[1]在"9·11"恐怖袭击发生后两年,保险公司认为该风险具有可保性,加大了承保此类风险业务的开展,从而导致美国政府的参与在一段时间内逐步缩减。但是,仍然有一些风险被视为不可保,这也意味着政府将继续参与保障,并且可能为长期性或不定期性,例如许多国家的洪水保险就是如此。

3.1.3 缺乏进入市场能力和承保能力

发展中国家存在的显著问题是缺乏准确获得保险资金的融资途径。我们知道,保险公司或者再保险公司及资本市场解决方案在为那些经常发生地震风险的新兴国家提供损失融资方面,发挥的作用相当有限;实际上很大程度这些国家更多地依赖于国际金融援助和内部投资资源的重新分配。虽然这是一个有效且具有可操作性的处理地震灾害经济后果的途径,但伴随着固定资产的价值、人口、城市移民的持续上升,该方法的实际操作将变的越来越困难。由于承担能力的下降,而脆弱性在不断加强,每次新的地震灾害都会带来更大的财务负担,而有限的资源和匮乏的获得风险管理工具的渠道,将造成可能无法弥补的巨大资金缺口。[2]

在这些国家,政府职能体现的一个重要方面是如何找到保险、再保

---

〔1〕 保险业对于反恐保险的犹豫态度直接催生了 TRIA。TRIA 由美国前总统布什于 2002 年签署,目的是在保险业能够拿出针对恐怖主义的具体办法之前,由政府首先参与到恐怖主义的赔偿当中。

〔2〕 所谓脆弱性是指,当巨灾袭击或有袭击的可能性时,有人员或基础设施现场存在并"处于风险中"。脆弱性代表由意外、破坏、损毁或业务中断而受到损失的可能性。当存在脆弱性并且某一巨灾发生时,将会产生一定数额的损失,而当不存在脆弱性时,则不会产生损失。

险的融资渠道及与资本市场可能结合的途径。虽然理论上可以在公司层面安排资金获取途径,但在国家层面安排可能更加有效。这就需要制定类似前文所说的政府支持的保险方案,再由政府从宏观层面上通过专业市场进行再保险。类似的进入市场途径可以从资本市场范畴内创设,而通过当地化的监管放松措施也可能形成更强的市场进入途径。新兴市场国家愿意让国际大型保险公司等金融中介提供损失融资方案,进而创造一种竞争性的环境,使当地机构与国际机构都可以提供风险与融资能力,而这种能力对适合的风险管理而言是非常重要的。

关键问题在于,这种获取途径是存在隐患的,国际保险市场的变化直接带动地区变化,即波动性。当国际地震风险承载能力充足时,保险费率相对较低,较小的国家(如加勒比海地区国家)能够获得较为充足的地震保险保障。但是当全球范围内存在地震保险索赔过度的情况时,承保能力将受到压制,而小国会直接受到这种情况的影响,例如直接的保险保单撤销或国际再保险能力下降。在此种情形下,影响最小的不利结果是这些国家将面临较高的保险费率。[1]

确实,当国际保险行业震荡,市场不稳定时,其对较小市场的影响往往会被放大好几倍。因此,能否获得地震保险被视为不确定的。在市场状态良好的情况下,能够获得保险并存续一段时间,但在地震灾害发生后以及坚挺的市场周期开始后则可能会消失。对于这一困境,一个较好的解决方法是:发展可从事协助事前和事后融资的本地私营资本基础,即不能完全依赖于国际保险市场,国内保险资本也要不断积累加强。

从实质上看,政府部门的援助和指导在所有国家都是必要的,尤其

---

〔1〕 例如,在 20 世纪 90 年代,由于承保能力受到制约,几个加勒比海国家面临比平常高 2~3 倍的保险费率。

是地震风险还暂时或永久性地处于不可保状态时,或者地震的破坏力极大而必须要使用短期金融援助时。但显然对于处在新兴阶段并面临除地震灾害外还遭受其他一种或多种巨灾风险的国家而言极为重要。财务上易遭受巨灾影响的国家必须至少采取一些行动,确保其居民和经济体得到足够的保障。在理想的情况下,发展中国家应当遵循一定的原则,内容包括安全教育、住宅或商用建筑的基本损失控制技术,以及必要的保险保障,这些保障可以采取有补贴的方式。例如,政府向房主提供保险,并在国际再保险市场上分出风险。

而缺少承保能力表现为另一项潜在的危机。政府所能提供的财务保障往往是针对中小型地震灾害造成的损失而言,但当遇到大型地震灾害时则往往无法有效弥补损失,脆弱性的持续增强只能为大型灾害产生的损失创造条件。当然,大型灾害不会经常发生,但规模稍小于大型灾害的地震或同时发生两件及以上的中等规模地震,同样对发展中国家和发达国家经济能力造成重大打击,造成严重的财务损失。这一问题的脆弱性不断加剧,并在继续严重化,只能通过同时使用多种机制才能得到解决,包括政府提供的地震基金,保险公司与再保险公司的赔偿资金分担和地震风险与资本市场相结合等。在做这些工作的同时,还必须更多的关注其脆弱性,而政府部门必须更严厉地坚持强制性的保险保障。[1]

3.2 政府职能可适用的具体形式

每个国家和地区在利用地震保险应对地震灾害时都会运用政府部

---

〔1〕 See Peter M. Lencsis, Insurance Regulation in the United States: An Overview for Business and Government. Westport, Comm. ,1997.

门机制,只是根据不同的资源、环境和目标情况而有所不同。政府当局往往会实行非财务控制,例如危机管理计划、预防措施和金融监管等。除了这些措施之外还会以损失融资方案等作为补充,包括国家支持的保险和再保险,以及灾害发生后的融资活动。当然,跨境的财务援助措施也相当普遍,例如富裕的发达国家和跨国集团会组织通过捐款、软贷款、[1]补助等方式帮助发展中国家。

3.2.1 导入事前损失控制措施

损失控制是风险管理的一种重要形式。暴露于地震风险的个人、组织和国家或其他主权机构,可以采取一些基本的措施帮助降低在灾害发生时造成的财产损失的可能性和不利影响。在大多数情况下,损失控制措施都是自发的,但近年来越来越多的出现政府采取办法,出台一定的政策来驱使损失控制措施的实行。实际上,基本的安全措施对于减少事后融资负担非常重要,一些研究机构和保险公司都认为应当要求政府作出更多的努力来发展和加强适当的事前预防项目。[2]

区划、建筑和工程技术可以降低与特定灾害相关的可能最大损失。虽然安装或强化安全性措施会形成事先投资,其成本往往比事后融资相关的成本低。因此,政府及有关行政部门可以鼓励以至于要求最低结构性和非结构性建筑标准的广泛使用。在某些发展中国家,由于其缺乏有效的保险机制或风险资本基础,难以实现损失转移或损失融资,此方法尤为重要。除了区划和建筑物标准之外,政府部门可负责开

---

〔1〕 就是国家开发银行作为政策性银行,可以通过政府或国有公司的融资平台进行贷款,其贷款允许用于国家确定的重点建设项目的资本金或股本投入,这是软贷款与商业银行硬贷款的最大区别。它利息低,还款期限长。

〔2〕 See Malcolm Clarke, *Policies and Perceptions of Insurance Law in the Twenty-first Century*, New York: Oxford University Press, 2005.

发和实施事前预警系统，报告当地居民中心正在迫近的威胁，制定协调安全和疏散方案。当然，此种措施对海啸、飓风等其他灾害的预防作用较为明显，对地震灾害而言作用不是非常显著。原因在于地震灾害具有突发性，而用目前的科技手段很难提前有效时间进行预防。以上为集中化政府损失控制的一种重要表现形式。

3.2.2 支持保险及再保险业务

保险和再保险是管理地震灾害风险的最为重要的私营部门机制，但保险包含的各种技术并不仅限于保险公司使用。在一些国家，保险公司的保险受到政府项目或政府与保险公司合作项目的补充。在保险公司承保能力降低、保险资本缺乏或者风险组合太狭隘而不足以分散损失时，政府的补充作用就显得十分重要。[1]

当一项风险暂时性地或永久性地不可承保时（如恐怖主义袭击），某风险的理论损失和承保能力要求过大以至于私营部门难以独自处理（如美国佛罗里达州飓风灾害），单个风险事件之间的相关性很高并造成了过高的集中度（如某些洪水地区），或者国际保险及再保险的可得性是不稳定的或不可预测时，政府的参与也是十分必要的。

政府的方案可以设计为向受影响的保险公司提供补充的保险或再保险。或者，在保险公司无法提供承保能力时，政府方案可以成为提供地震保障的重要渠道。当公共保障方案的结构设计良好时，它们可以填补重要的空白地带，并应被视为补充性而非竞争性的。政府参与损失融资的最终目标是确保当地市场上金融和经济的持续稳定和健康发展。

---

〔1〕 仅仅是地方或州政府方案风险分散能力十分有限，因为在地震灾害发生的情况下，该地方的索赔可能高度相关。全国性质的方案在分散风险方面更有效。

政府方案可以设计为直接向投保人提供保险，即由保险公司作为政府的代理人，融入风险池以得到适当的分散化和管理，或者向为投保人提供承保的保险公司提供再保险。另外，政府可以要求保险公司向投保人提供涉及某项风险事故保障的保险。为了避免使保险公司的风险状况扭曲并出现资金紧张的状况，政府可以允许保险公司收取额外的费用。

因此，政府方案可以被设计为损失提供保险或再保险服务，确保投保人或保险公司获得某种水平的最低及最高保障。选择保险还是再保险，取决于当地市场的深度和复杂性、可获得的风险资本额以及一个吸引国际再保险公司或转分保接受人的系统的能力。

由于保险和再保险的功能是建立在地震风险汇集的基础之上，可能存在政府方案规模过小而不能达到必要的多样化的要求。而且，为少数参与者运营和参与的方案难以形成具有吸引力的成本。在此情况下，面临地震风险的几个国家联合建立一个区域性风险池更为有利。[1] 这会提高风险分散化的可能性，从而产生规模经济的效果。以下的几个方案为政府保险及再保险在实务中运作的具体情况。

（一）美国：洪水

美国政府于 1803 年就开始利用公权力进行灾害的救助工作。1950 年制定并颁布的《灾害救助法》（Disaster Relief Act）体现了政府这一精神，规定政府在灾害宣布等方面享有极大的自由度，并建立了一项永久性救助基金。该法案经过不断的修改和完善，解决了协调、补贴、缓和要求及范围等方面的问题。而 1968 年制定的《全国水灾保险法》

---

〔1〕 当风险暴露在某种程度上均为独有时，尤其如此。例如，一个国家有飓风，另一个国家有地震和火山喷发灾害等。这可以导致在既定年份中较低的预期损失，以及稀缺的风险资本资源的更有效的使用。

(National Flood Insurance Act)是灾害保险方面第一部重要的法案,政府通过该法案的制定创设了全国水灾保险方案(National Flood Insurance Program,NFIP),为社区、公司、个人等提供保险公司可能不愿意承保的水灾风险所带来的损失保险,作为补充的财务保护。NFIP在全国范围内承保,只需要投保人缴纳保费并提供财产清单。在实际运用中,NIFP比州或地区的保险方案更有效地分散了水灾风险。但是,提供水灾保险也就其限制条件,即受灾社区等主体要满足其建设达到一定的最低标准,即不能仅仅试图依靠保险而降低其建筑质量或减少自身成本,否则,将不被允许加入NIFP的水灾保险计划。[1]

(二)加利福尼亚:地震

加利福尼亚地震保险计划与佛罗里达州的飓风保险计划有相似之处。特别是在北岭地震发生后,沉重的赔偿责任使保险公司和再保险公司要求提高保险费率并希望取消一些风险过大的保险单,例如之前政府要求保险公司承保含有地震保险的住房保险单,而保险公司认为其风险过大产生严重的赔偿责任而将该类型承保任务完全停办。由于保险公司的变化,会导致地震保险的严重不足。针对这一问题,州政府决定成立加州地震局(California Earthquake Authority,CEA)。该地震局由政府经营管理,但具体的融资为私营形式,限制保险公司取消地震保险单。加州地震局承担最终风险,而保险公司提供补充地震保险。该方案规定:保险公司可以为房屋所有人提供自己公司的保单或CEA的保单,对房屋的保险责任有最大额限制,并享有最高15%的免赔额。在保险公司无力承担赔偿责任时,由CEA承担最终风险,利用其自有及其他渠道聚集的资金进行赔付。包括其信用额度下的资金、多个再

---

〔1〕 See Huang C. F., *The Basic Principle of Integrated Risk Assessment*, Atlantis Press, 2007,1-6.

保险层的保障以及各保险公司缴纳的准备金等。[1] 虽然加州政府为地震保险提供保障,并结合政府和保险公司的优势成立 CEA,但房屋所有人的地震保险仍比较少,仅占全州应保人数的 20%。[2] 而投保率较低的原因可能在 CEA 规定附属建筑物所面临的地震风险不在保障范围内、提供的赔付最大额较低和投保保费较高等。[3]

(三)日本:地震

1966 年日本政府基于不断遭受地震灾害的影响并且造成的损失越来越大的原因,成立了日本地震再保险公司(Japan Earthquake Reinsurance,JER)。当保险公司为居民承保地震险时,由于可能发生的巨大灾害损失导致保险公司无力承担,在保险公司自愿的基础上,JER 为保险公司提供地震再保险。再保险公司可接受保险公司承保的地震保险保单且没有限额的规定,即最高可接受 100% 的地震保单份额。当然,JER 是受到政府财政支持的,并可将其中的一部分损失利用国际再保险分担出去。不过日本的地震再保险方案也存在一定的问题,即在全国范围内总体渗透率相对较低,只有 10%,而在特定的城市中心区更低。

(四)土耳其:地震

土耳其地处欧亚交接地,经历了多次毁灭性地震灾害,受地震灾害影响很大。但作为不发达国家,其国内的私营保险公司无法解决灾后赔偿问题,也不具有牢固的保险融资渠道。2000 年土耳其政府建立了巨灾保险共保体(Turkish Catastrophe Insurance Pool,TCIP),强制性要

[1] See United States Governments Accountability Office, Natural Disasters Public Policy Options for Changing the Federal Role in Natural Catastrophe Insurance, 2002.

[2] 有些大城市较高,达到了 25%~40%。

[3] See Howard Kunreuther, Cecilia Yen Koo, Catastrophe Insurance Challenges for the U. S. and Asia, Paper to be Presented at 1st International Conference on Asian Catastrophe Insurance Innovation and Management, Kyoto University, December 2007.

求居民必须从共保体中购买最低限度的地震保险。在实际操作中，TCIP坚持共同利益原则，即要求发生地震概率较低的地区仍然缴纳比较高的地震保险费用，利用这种方式为地震发生概率较高的地区提供更好的资金支持。[1] 这样做的目的是保护个人小房屋，为这些标的提供地震保险的服务，否则它们将得不到任何保障。TCIP的标准保单最高保险金价值在2万美元，其投保费率根据不同地区进行适当调整。当然，TCIP提供的地震保险与保险公司提供的并不冲突，即保险公司可根据自身发展和业务需要开展其他地震保险项目。自2000年后，土耳其巨灾保险共保体在一年内共接受保单达到200万个，而且更多的参与者正在不断加入进来。其成功的经营经验也被伊朗、阿尔巴尼亚、印度等其他经济发展水平相似的国家所借鉴。

其他国家和地区都针对地震等自然灾害创建了各种计划方案。例如西班牙于1941年成立的保险补偿机构（Consorcio de Compensacion de Seguros，CCS），该机构为政治事件和地震等自然灾害造成的损失提供直接的保障。新西兰在1944年制定的地震及战争保险方案，全面覆盖了地震、海啸、火山爆发、洪水等保险公司不承保或不可保的各种保险。当然，也不是政府主导的所有项目都会取得成功。一些计划由于结构不合理、理论与实际脱离等原因会造成社会负担，例如低风险地区与高风险地区的交叉补贴给低风险地区带来经济上的负担。还有一些计划由于其覆盖面较小或政府的过大干预而导致效率较低，不能很好的提供保障作用。[2]

---

〔1〕 即一种交叉补贴，一般只有当保险是强制性时才有可能实施。但是，为了降低相关性的潜在消极影响，TCIP资产的至少50%必须投资在土耳其之外的市场上（考虑到灾难性的当地地震将导致当地金融资产价值急剧下跌，并造成共同体缺乏足够的资金进行赔付）。

〔2〕 See Michael Faure. Springer-Verlag, Deterrence, Insurability, and Compensation in Environmental Liability: Future Developments in the European Union, 2003.

3.2.3 建立灾后危机管理机构

危机管理通常被认为是政府或中央集权的当局的主要功能之一。只要构架合理,政府的危机管理就可使与地震灾后有关的行动和反应协调一致,使资源配置于必要的时间和地点,尽可能迅速地处理紧急情况,一旦可行便可恢复经济和社会秩序。但此时的危机管理计划不能过于详尽,通常具有一定的灵活性,从而根据灾害事件的特性"量身打造"制定紧急应对措施。通常,危机管理计划必须包括以下要素:(1)安保人员;(2)损失评估;(3)后勤保障的建立;(4)公共服务设施的恢。

典型的"控制系统"模型也许过于僵硬,可代之以沟通和协调矩阵,给予地区性或专业性部门一定的自主权,以按当时的需要进行应对。因此,健全的事后危机管理可看作一般性的事前计划和灵活应对的二者融合。

许多发达国家和发展中国家均设有危机管理机构,负责制订危机前计划并实施灾后救助。例如美国在20世纪60年代开始扩大联邦灾害救助职能,因为工业化和富裕度已经超越了保险公司处理每次新灾害的能力。美国政府在1978年成立了联邦紧急事务管理局(Federal Emergency Management Agency,FEMA),协调政府机构之间的灾害应对方案和活动。虽然FEMA现在管理之前提及的洪水方案,但该局的主要职能是确保经济和人道主义救助在灾害发生后能迅速有效地开展救援工作,以及当地和州政府能够及时开展重建和修复工作。其他许多国家也设有类似的机构,同样的工作常常跨部门开展。[1]

---

〔1〕 See Jeffrey C. Brown, Professional Negligence and Insurance law. London: LLP, 1994.

3.2.4 丰富融资和补贴手段

地震灾害发生之后如何进行融资和补贴，是政府部门的核心工作。虽然政府融资在所有受灾害影响的国家都某种程度地存在，但在新兴国家尤为普遍。正如我们所知，工业化国家通常拥有较为成熟的保险公司和再保险公司、资本市场工具及大型的风险资本池。因此，在没有极端严重的灾害发生时，对政府直接的资助需求相对较小。[1]

发展中国家则不能如此。其保险市场通常处于幼稚期，只提供基本的保险产品，如人身保险和财产保险等，即使涉及一些意外险和伤害险等保险产品也只包括意外车祸或食品中毒等，并非地震、海啸等巨型灾害。而地震等严重灾害保险常常难以获得，即使在面临严重灾害风险的国家也是如此。[2] 在利用金融衍生品对抗地震灾害方面发展中国家同样存在较大空白。受经济规模和发展程度所限，发展中国家的资本市场往往处于初始阶段，只包括少量的公司股票、债券等形式，大部分发展中国家还未出现与保险相连结的证券产品或相关金融衍生品，很难在金融市场募集地震基金。[3]

发展中国家的私营保险公司在融资上存在问题是能够理解的，其所处的经济环境在提供资金上本身就比较匮乏。而在有限的资源控制

---

〔1〕 当灾害影响人口密集的中心地区并造成社会混乱，或当农业生产遭到破坏且食品供应受到威胁时，尤其如此。例如，拥有健全的私营保险机制的工业化国家，如美国、比利时、法国、澳大利亚、丹麦和德国，定期向农业部门提供灾害资金、免费保险保障和巨灾发生后的特别补偿。地震发生后，政府也常常会提供直接援助——虽然所有风险事故都是代价高昂的，但地层运动导致的建筑物结构性破坏常常十分巨大，造成许多民众流离失所或中断交通，这意味着政府资助和援助尤其重要。又如，美国政府在北岭地震后提供了约120亿美元的联邦灾害资金。

〔2〕 例如，巨灾易发的南亚地区约占世界人口20%，但财产和意外险保费只占全球的不到0.5%，在巨灾型财产和意外险保费中比例更小。

〔3〕 此外，可利用的风险承保能力的绝对额也常常很低。因此，在发展中国家，当地市场提供巨灾资本或对冲的能力极为有限。

体系下，政府更愿意处理那些低严重程度、高发生率的自然灾害，以及关系到国计民生，人民日常生活所必须的基本生活保障、医疗保障等福利事业，而对于高严重程度、低频率的灾害事件则往往会拖后处理。[1]因此，我们发现，在许多发展中国家应对地震灾害事件上，对灾后处理上常常依赖于工业国家和大型跨国组织的国际援助、捐赠等。[2]

发展中国家可采用多种融资工具，例如上文提到过的"软贷款"，即通过贷款期限很长但无息或低息、直接捐赠或补贴等形式。[3] 当然，在某些情况下，损失控制方法与援助资金是挂钩的，以此来对抗在未来发生的地震等灾害，降低其对社会的影响。这种挂钩的方式能否取得成功，关键在于承诺捐助的组织与接受捐助的政府双方面的努力，政府既要认真落实获得的捐助款，捐助组织也要采取切实有效的监督措施。除了低息或无息的贷款与社会捐助外，一些跨国组织，会通过为政府或私营保险公司提供再保险方案，利用这种方式提供金融融资而起到对特殊资本市场提供担保的作用，这种通过应急信贷工具的方法可以为灾后融资机制给予很大的支持。[4] 这是在国际市场融资方面，对于一个地区发生地震后提供很好的资金支持。但仍有数据表

---

〔1〕 即使在一些国家，如墨西哥、孟加拉国、印度尼西亚和菲律宾，灾害的发生和损失规模似乎会阶段性地占据政府主要议事日程，也是如此。

〔2〕 自然地，一些新兴市场国家拥有足够的资源来协助对其部分危机后的资金需要提供融资，并且不少国家决定设立专用的基金用于支持此类事务。然而，如果这些机制要成为事后风险管理过程的一部分，则必须在需要时就保证能够得到。例如，墨西哥的 FONDEN 基金——一种损失后的救援渠道，负责对灾害后重建提供资金或补贴（虽然，令人奇怪的是，不是为帮助转移风险）；虽然其理论上的职能十分重要并且意图良好，但该基金从 1996 年起至 2000 年以来时常遭遇资源不足的困境。因此，危机发生时资源可得性常常是可质疑的。

〔3〕 例如，世界银行在 20 世纪 80 年代初期到跨人新千年提供了 75 亿美元的损失后赠款和贷款融资。该行还于 1998 年开发了"灾害管理工具"，提供灾害预防及减损方面的跨界协调，以强化损失控制。

〔4〕 在金融领域具有世界影响力的国际组织包括国际金融公司（International Finance Corporation，IFC）和人世界银行等。

明,由于国内市场或政府效率低下,导致即使有国际市场提供的资金,由于无效或错误的分配而仍然无法实现很好的效果。

在地震灾后发生之前,发展中国家应建立从国际市场融资的渠道,设立预筹资的地震灾害准备金机制。通过这种预先的设置,可以降低在灾难发生后获得资金的高额成本,也可以避免使用原先用于其他建设的资金安排导致可能出现的延缓经济发展的局面。

很多国家的公路、学校、医院、政府大楼、交通枢纽、运输工具的建设与修复工作都由国家或地方政府直接或间接承担的,[1]政府管理基础设施,并在其损坏时筹集资金进行修复,这是合乎情理的,原因在于公共设施本身就属于国家公共领域的一部分。而在实务领域中,往往政府用来修复公共设施的资金都是通过跨期的赤字融资和税收来筹集的。也就是说,现在出现的损失是由未来一代的纳税人承担的。

地震灾害的影响非常大,政府部门需要长期对那些遭受灾害的损失者给予持续性资助。当然,这并不是有效的解决办法,因为这实质上是公民个人和公司纳税人承担了损失,而不是保险公司或其他地震风险分担机构。但是,就目前形式而言,这仍不是为一个有效解决灾民保障和灾区重建的方法,直到地震保险的承保公司和用于地震灾害的承保资金充足之后,政府的这方面支出才可以适当减少直到终止。

3.2.5 规范保险市场金融监管

政府职能还体现在对地震保险公司提供保险业务的监管上。这不仅有利于强化保险公司对投保居民更加合理地提供保障,也有利于公平对待提供地震保险业务的各保险公司,而无论其是大型公司还是新型公司。在市场经济体制下,较少的政府监管对于提高市场竞争有好

---

〔1〕 例如,在美国,交通部就负责很多该国的交通基础设施。

处,但对于地震保险这种政策性保险来说,制定相关标准是很有必要的,而不应倾向于更少的监管。特别是在目前情况下,在地震灾害发生后损失的数据和风险模型都没有完全建立起来时,更需要政府提供相关的监管规定。

规定的具体内容包括:(1)与财产、建筑标准、损坏相关的一般数据标准;(2)验证测试和模型假设;(3)标准化的保险、再保险、衍生品条款和条件,并且与法律法规的规定要相一致;(4)最高的保险与再保险的自留额;(5)对风险承担能力提供者的资本标准和最低偿付能力。

这些金融监管措施的目的在于加强保险公司的执行能力,预防可能出现的问题及强化地震保险在实际操作效率,在此基础上保护保险各方的利益。而真正可以制定、执行这些规定的部门中,除了少数的自律性极强的组织(鉴于其具有不确定性),政府是最佳选择。

3.3 政府职能的参与路径选择

在世界舞台上,我国属于缺乏健全保险和资本市场机制的新兴国家,在应对地震灾害和监管地震保险时,政府的介入十分重要。具体政府职能的形式在上文也已提到,包括政府支持的受补贴的保费或保费减免、地震保险和再保险,以及直接补贴、在损失控制方面的教育和风险降低激励。政府参与必须存在于拥有先进机制,并尝试努力应对临时性或永久性不可承保的地震风险或大型地震灾害的国家。对于地震损失预防与赔偿的政府决策实质和参与程度,不同专家学者有不同的观点,而这些不同的观点和建议往往依附于不同的学术和专业背景。就目前情况而言,由于不同国家具有不同的经济发展水平、监管力度以及不同的社会环境,很难在世界范围内形成统一的标准或一致的"答案"。[1]

3.3.1 最佳政府角色——减少市场活动的参与

政府监控保险公司,对保险公司在地震保险的具体措施做出的干预,只能是暂时性的。政府的功能应该定位于对投保人所交保费的适当补偿和减免,降低他们的负担。政府的控制和管理应在有限范围内进行,尽量减少政府参与市场活动。如果我们的市场环境具备资本金充足、对经济活动的管制较少、合理健全的法律保障和科学的资本分配体系等条件,则保险公司能够更为容易地进行融资防御地震灾害,并在灾后赔偿时做到及时合理并实施创新。随着经济的发展,政府在市场活动中的主导作用呈现出不断减少的趋势。同样,其在融集资金进行灾后赔偿应缩减至保险公司不能独自管理风险的情况,即大型巨灾,例如损失巨大的、百年一遇的地震灾害,或者在重大的国家政府利益存在的情况,如恐怖主义袭击或核泄漏等。

3.3.2 制定政府资源短缺时的解决方案

随着全球人口基数不断扩大和人口增长率持续攀高,各国家、地区物业等资产估值不断提高,各种经济资源价值的上升等因素的变化决定了他们之间的相关性变得越来越紧密,抵抗巨灾风险的能力也变得脆弱。有效的应对方法是,在针对灾害预防和灾后赔偿来融集资金时,以一个合理范围借助政府资源。地震灾害一旦发生,不仅要提供灾民当时的救济和赔偿,还包括灾后地区重建、维持灾区稳定、恢复经济建设等所需的政府人力、物力、财力的支持,而这对于一国政府来说往

---

〔1〕 参见唐斌、赵洋:《环境金融创新研究与实践》,载《福建金融》2014年第11期。

往是难以完成的。[1] 我们再设想一下，当同一国家或地区在同一时间发生两次地震或在发生地震灾害的同时又发生其他巨型自然或人为灾害，所需进行赔偿的资金将非常之大，对国民经济产生的影响无法想象。在没有政策上支持和基本资源保障的前提下，巨额的赔偿压力很有可能就是社会分裂或动乱的导火索，原先实行的金融和投资计划将被打乱，等等。

政府需要考虑资源短缺的潜在后果，并做出相应的计划。做到这一点，最好的措施是在制定政策时（包括灾害管理计划和赔偿方案），将灾害造成的最大损失作为可能面临的情景之一。政府的解决方案应包括三方面：一是通过出台政策限制扩张，缓解由于地区价值的提升造成财物之间相关性的降低；二是政府加大力度提倡可能发生地震地区加强防灾建设，强化减损措施；三是要鼓励有差别的地震灾害融资渠道，建立额外的借贷机制或合理的税收标准作为赔偿资金的补充。政府应建立灾害紧急处理中心并平均分布在国家各大区域，将政府资源合理分布在各中心，以便在地震灾害发生时可及时调动资源，物尽其用。虽然对如何分配并使用政府资源提出了多个途径，但在面对灾害时，可能也无法很好地应对一次特大级的地震灾害，一旦发生这种情况，政府还应考虑建立一些强制性或正式性措施，为集中物力人力并相互援助提供政策依据。除此之外，还可以考虑一些国际援助和跨国组织的支持，这些机构提供的一些临时资本也可作为一方面的援助，但首先需国内政府制定相应的方案。

---

〔1〕 1995年1月17日晨5时46分日本神户市发生7.2级直下型地震，又称为神户大地震，共造成了5400多人丧生，3.4万多人受伤，全部损失达数万亿日元。这次地震导致日本社会相当程度的紧张和经济活动的受制状态。

3.3.3 双向激励:补贴投保人并为保险公司提供发展机遇

政府在地震风险损失融资方面发挥了重要作用。政府在许多国家仍是最重要的单一个体事后融资来源,因而履行着至关重要的职能。然而,政府的这种角色也可能造成负向影响,使保险公司处于不利地位。政府在向国民和投保公司提供免费或以高补贴的费率提供灾后融资时,一般会产生两种结果:鼓励个人和公司在风险性区域开展活动,以及不鼓励他们实施降低融资措施的活动。为了解决这一问题,政府必须考虑其他方法,比如更加严格地执行城市规划措施,向那些坚持在地震风险较低的区域发展的机构提供更大比例的帮助,要求保险机构执行最低安全控制或者命令消费者购买最低水平的保险,这些措施将消除一些负向激励造成的不良影响。此外,这些行动能够为私营的保险公司提供更多的发展机遇,创造更大的商业机会,产生更好的地震保险产品。

3.3.4 完善政策法规以促进保险市场自由化

各国政府都应将对用于转移、降低或对冲地震灾害风险的机构、市场和机制的放松监管视为十分严重且需迫切解决的事情。政府通过一些政策法规,对地震保险进行直接规范当然可以省掉繁冗的市场环节,节约一定的竞争资本,但通过直接经营地震保险业务的保险公司来制定主动的地震风险管理方案无疑是最好的抵御地震灾害的方法,政府应鼓励保险公司制定这样的方案来扩大融资途径和有效分散地震风险。除了地震保险较为发达的日本、新西兰外,很多地震灾害频发的国家和地区利用保险来分散地震风险的比例较低,保险在抵御地震灾害的功能并没有得到发挥。主要原因在于:第一,各国法律、法规、行业规范等已将地震灾害作为保险公司的除外责任,或设置较低的地震灾害最高赔偿额，无法确保灾后赔偿能力；第二，很多具有高效率风险管理模式的国际保险公司和再保险公司被拒之门外，有效的地震保险产品和经验无法被引进或使用。我国保险市场的绝大多数保险业务都被本土保险公司占有，这些保险公司利用多年来积累的资源和政策优势在全国范围内销售其保险产品，承担保险责任。[1] 事实上，限制本国保险市场并非一定有利于保险功能的发挥和本国保险公司的发展，适当地允许、鼓励国外保险公司进入我国市场有利于提高地震保险的承保范围和密度，既有利于保护居民的财产，适度的竞争机制还可以促进国内保险公司的发展。政府在市场准入方面应制定较为宽松的监管措施，同时也可将地震灾害的最高赔偿额适当上调，不用限制过死。[2]

通过政府的这些措施，降低国内地震保险市场的准入条件，扩大市场自由化，一方面有利于"价格竞争"，促使价低质优的地震保险产品的产生，降低投保人需缴纳的费用，使更多的人愿意参与到地震保险中，也有利于发挥地震保险的保障作用和地震保险所应遵循的大数法则的体现；另一方面，由国外的经验可以发现，地震保险最初都是作为其他保险产品的附属产品出现的，没有独立出来，这样的一个"保险包"往往包含了住房险、财产险等，投保费用一般较高。通过政府的市场自由化政策以及对地震保险产品的不断开发，可将其独立出来，便于需求

〔1〕 我国较大的保险公司主要有中国人寿保险（集团）公司、中国再保险（集团）公司、中国人保控股公司、中国太平保险（集团）公司等。在其他一些国家的保险体系中，3～4家本国保险公司控制了超过80%的保险和再保险市场。的确，在一些国家的保险体系中，对市场份额的控制仍是一个重要的因素，而不管业务是否盈利；这意味着保险公司和再保险公司处在利润边际不断压缩的环境中而保持对市场份额的高度关注时，则可能会对其承担的风险定价不足，包括那些含有巨灾性质的风险。最终的结果可能是财务困境的发生概率增加了。以追逐利润和企业价值创造为目标的国家保险体系可能会比市场份额驱动的保险体系更有利于避免此问题。参见宗宁：《我国巨灾保险经营模式法律问题研究》，载《河北法学》2013年第3期。

〔2〕 这些措施还可以辅之以一些国内性的措施，限制本国保险公司为保留市场份额而过低定价的行为，例如限制平滑收益、操纵准备金等。

人群和企业购买,有利于抵御地震风险。

此外,政府还应该放松行业间用于地震保险融资的监管措施。美国、日本等国家的金融法规中都禁止了保险公司经营银行业务,或银行经营保险业务,即使没有明确规定禁止,法规对经营交叉业务也进行了严格的限制。[1] 这些政策法规在制定之初的目的既是防止将保险风险代入到金融行业甚至是整个社会,也是减少金融行业对保险领域的控制。但将承担地震灾害这种过大的风险交由单一的保险行业承担,成本非常大,也令很多愿意承保地震保险的保险公司望而生畏。随着保险产业的发展和各种灾害所造成损失的不断加大,要很好地发挥保险功能,必须要有资金的支持,无疑银行的资金储备是最为雄厚的。因此,政府部门应当放开市场,将取消这些障碍作为一项优先工作来处理,以使日益增长的脆弱性可以在各承担地震风险的部门之间进行有效地转移。[2]

小结

本章主要从三个方面分析了地震保险中的政府职能,即其性质为何,在地震保险中具体的表现形式和最佳的参与路径。笔者认为政府针对地震保险制定的一系列规定章程不应具有完全的强制性。原因在于:第一,虽然强制性有利于地震保险的开展,可以强制要求保险公司按照一定的费率承保地震保险,便于对投保居民的保护,也有利于对灾后重建的进行。但这种措施无形中压低了保险公司承保地震险的积极

---

〔1〕 银行和保险公司被要求使用麻烦和昂贵的结构性增强模式,如专属的资本密集型的子公司。

〔2〕 J. Mack Robinson, " Managing Large - scale Risks in a New Era of Catastrophe - insuring, Mitigating and Financing Recovery from Natural Disasters in the United States", Wharton University of Pennsylvania, Insurance Information Institute, Mar. ,2008.

性,不是长久之计。第二,政府可以强制性要求居民投保地震保险,但如果没有做好补贴和其他对居民的福利工作,会增加投保居民的经济负担,与政府主导地震保险计划宗旨相违背。第三,不完全强制性与自愿性并不相同。自愿性的优点在于降低政府的监管成本,但由于完全由保险公司决定地震保险的投保费率、赔偿标准等内容,由于保险公司的逐利性,容易造成其为了商业利益而过分的提高保费,达不到分散地震风险的目的。因此,对于政府职能的具体措施,应强调其不完全强制性,针对具体的情况采取不同的办法。

其次,在政府职能的具体表现形式上,主要是通过地震灾害发生前的损失控制措施、地震灾害发生后的保险和再保险等分担赔偿责任的具体执行和具体救援、安顿管理措施、赔偿资金的融资和补贴工作以及对损失融资措施的金融监管等。

本章的第三部分关于政府究竟应如何参与到地震保险中来时,笔者认为首先应定位好政府在地震保险各环节中的角色。政府的角色应该是一个有限的角色,其作用应该削减至一些保险公司不能独立承担风险的领域,比如说严重的地震灾害,或者重大的国家政府利益存在的情况下,如恐怖主义袭击等。其次应当是政府如何利用好有限的政府资源,即要求政府合理适度地参与到地震灾害发生后如何管理和融资,这是十分重要的。再次是政府如何利用反向激励措施,例如要求执行最低的安全控制或命令购买最低水平的保险等。最后,政府职能的最终目的还是要让市场化来解决地震保险所出现的问题。政府制定的一些法律文件或规定只是暂时性或帮助解决保险公司目前没有能力承担的灾后赔偿问题,等到地震保险法律制度体系建立并日趋完善,且保险公司有能力承担地震保险时,还应该最大限度地让保险公司处理地震保险中的问题。

因此,政府的作用在地震保险中无可替代。第一,政府在地震保险中的核心作用表现为对地震保险相关法规和政策的颁布,保监会等部门对其他相关法律性文件的出台。同时政府也要确保并监督保险公司、再保险公司、地震委员会等共保体对政策法规的遵守、履行和建立配套制度。第二,在一个国家或地区保险业发展还没有形成规模时,可直接由政府承保地震保险,收取一定的保险费用,在灾害发生时作为赔偿主体。[1] 第三,当地震灾害发生后,损失太过巨大而保险公司等共保体无法完全赔偿损失时,政府还应作为保险公司的"最终贷款人",为灾害赔偿提供暂时性的资金支持。第四,对购买地震保险的居民实行财政补贴或对承保地震保险的保险公司实行退税等政策。第五,政府可就地震常发地区的特殊情况,要求建筑商在建设房屋时按照一定的抗灾等级进行,加强防灾防损的基础设施规划和建设。所以,政府制定地震保险法律、制度时,要综合考虑各方面的关系。而制定和完善地震保险法律制度的目的是从根本上解决政府灾后救济的负担,使灾民能够得到及时和最大限度的补偿,灾后建设能够及时高效率的开展,不影响国家及地区经济的发展。

---

〔1〕 参见张长利:《农业巨灾风险管理中的国家责任》,载《保险研究》2014 年第 4 期。

第4章　地震保险法律制度之专门立法

保险法有形式意义和实质意义之分,即广义和狭义之分。[1] 广义的保险法是指关于保险的一切法律规范的总称,包括所有的以保险为规范对象的公法和私法。而狭义的保险法则是专指保险私法,而不包括公法上的规定及条文。所谓形式意义是指在形式上符合规范,当一部法律或法律性文件是以保险法为名称时,即为形式意义上的保险法,例如我国2009年修订并公布实施的新《保险法》。实质意义上的保险法,是指有关保险法律规范的总和,泛指法律体系中所有的相关规定,包括成文的与不成文的,例如保险法律、法规、政府规定、判例、惯例、法理等。[2]

地震保险是一种特殊的保险类型,不同于一般商业保险,具有政策性、强制性等特征。因此,只有先行

---

〔1〕 参见樊启荣:《保险法》,北京大学出版社2011年版,第14页。

〔2〕 参见郑玉波:《保险法论》(第7版),三民书局1984年版,第25页。

制定地震保险法律,为地震保险业务的开展提供法律依据,保险公司才愿意承保地震保险,地震保险的保障功能才能得以发挥,才能很好地应对地震灾害并及时承担赔偿责任。目前,除了《防震减灾法》中规定国家鼓励投保地震险外,我国并没有其他法律对地震保险进行规制,也没有关于地震保险特别立法的制度安排。[1] 因此,笔者认为,我国应制定地震保险专门法,对地震保险投保费率、发生地震后保险公司的保险赔偿额、赔偿最高限额和地震保险合同等问题进行规制。但这里的地震保险专门法仅指形式上的地震保险法,在实际操作中还要结合政府的相关规定,保险协会的行业规范等实质意义上的地震保险法律,一起对地震保险形成有效的规制和保障。[2]

4.1 地震保险专门法之投保费率

被保险人向保险人支付保费的目的是让保险人承担风险。保费是被保险人支付的对价,以换取保险人承诺在发生损失的时候补偿被保险人,或者在约定的条件成就时作出给付。[3] 地震保险投保费用的收取同样非常重要,其是保险公司筹集资金应对地震灾害发生后赔偿损失的重要方式。如何收取保险费用,投保费率该怎么制定,成为地震保险法应当解决的关键问题。用法律条文对保险费率进行直接规定,有利于地震保险保险金的确定,既确保在投保人的经济能力范围内,也考虑到保险人的风险大小、运营成本和必要的利润。而且,通过立法对地

〔1〕 参见吴佳颖、孙博伟:《日本地震保险法律制度刍议》,载《辽宁行政学院学报》2011年第10期。

〔2〕 See Paul K. Freedom, Government Natural Catastrophe Insurance Programs, Conference on Natural Catastrophe Insurance Programs, 22-23, Nov. 2003.

〔3〕 See Robert H. Jerry, Douglas R. Richmond: Understanding insurance law, Understanding series. Lexis Nexis Matthew Bender, 2007, p. 257.

震保险的投保费率进行直接确定，有利于形成统一的缴费标准，防止各保险公司制定不同的规则对相同地震风险收取不同的费用。[1] 尤其在我国，以立法确定投保费率有利于减少地震保险推广阶段的不利影响。[2]

4.1.1 投保费率的基本解释

投保费率是指按保险金额计算保险费的比例。在财产保险中，它是根据保险标的的种类、危险发生的可能性、造成损失的程度大小、保险期限等因素来考虑的。计算保险费率的保险金额一般以每千元为单位，即每千元保险金额应交多少保险费，通常以百分比来表示。具体到地震保险中来，其投保费率应该受到以下因素制约，即地震灾害在不同地区发生的概率不同、造成的损失程度不同、投保人投保期限的长短等。

在国务院保监会的规定下，商业保险公司享有开发和创新保险产品的权利，自主设计和厘定投保费率，以适应瞬息万变、竞争激烈的保险市场。[3] 政府不应过大的干预一般商业保险投保费率的厘定，其原因在于：第一，社会主义市场经济促使我国各行各业都得到较快的发展，市场机制在资源配置中的作用得到加强，市场竞争日益激烈。作为保险产品的价格，费率在保险市场的调节作用得到加强。由政府部门制定统一的投保费率不符合市场经济的要求。第二，我国地区差别较大，保险公司的经营状况、经营方针和经营策略不相同。由政府制定统

---

〔1〕 See John F. Dobbyn: *Insurance Law in a Nutshell*, Thomson West, 4th Edition, June 1, 2007, p. 320.

〔2〕 郑伟：《地震保险：国际经验与中国思路》，载《保险研究》2008 年第 1 期。

〔3〕 我国《保险法》第 114 条规定："保险公司应当按照国务院保险监督管理机构的规定，公平、合理拟订保险条款和保险费率，不得损害投保人、被保险人和受益人的合法权益。"

一的费率不利于保险公司根据实际情况灵活有效地进行产品开发和价格调整。实践中,由于投保费率的高度统一性和强制性,导致保险公司往往把业务竞争的重点放在私降保费、返还费用和抬高手续费等方面,在一定程度上扰乱了市场秩序。第三,按照我国合同法的有关规定,如果投保费率由政府部门而不是保险公司制定和提供,在保险公司作为诉讼当事人时,有关格式条款的法律规则并不必然适用,而作为保险条款制定者的政府监管部门也不可能承担该民事责任。这或导致法律适用的不统一,不能更好地保护被保险人的利益,或使保险公司因无力及时变更歧义的格式条款而处于不利境地。[1]

虽然《保险法》赋予了保险公司订立投保费率的权利,但同时就强制险、人寿险等险种也规定了必须经相关部门批准的条文。从保险的内涵与外延来看,基本上所有的保险险种都与社会公众利益有关,但该条文所说的应指与社会公众利益联系密切,影响面较大的保险险种,地震保险即为一例。地震保险投保费率的厘定应经过国务院保险监督管理机构批准方可实行,这里的批准并不是指必须由政府部门来制定,而是由保险公司来制定,政府只做最后的决定。地震保险的保险费率具有公权力和私主体共同作用的特征。这一做法的优势在于给予了保险公司一定的自主性,提高了其承保地震保险的积极性,有利于参与保险市场的竞争。同时政府作为最后决策者,对保险公司制定的投保费率进行审核:如能适应市场需求,考虑到投保人利益和社会环境,则予以确认;如不能适应市场需求,虚构保险成本欺骗投保主体,利用信息不对称等优势地位破坏保险市场的公平环境,造成定价不合理等结果,则予以否决并限期更改;如个别保险公司长期出现上述情况可将其拉入黑名单并取消制定投保费率的资格。政府作为最后决策者的作用是最

---

〔1〕 参见温世阳、杨树明、樊启荣:《保险法》,法律出版社2003年版,第469页。

大可能的在不过分干预保险公司自主运营的同时，保护投保者的利益。地震保险专门法应借鉴《保险法》第136条的规定，利用政府规定和保险公司的分别优势，达到维护地震保险市场公平竞争秩序的最终目的。[1]

4.1.2 厘定原则的评析及拓展

地震保险投保费率是地震的保险价格。由于费率的确定、保险费的缴纳先于实际损失的发生，因此对保险公司而言，确定合理的费率水平至关重要。它不仅要求保险公司考虑预期经营成本和预期损失等因素，还是保险公司参与保险市场竞争的重要工具。当实际费率高于投保人的可承受范围时，对保险公司地震保险产品的销售会造成影响，不利于在整个行业内提升竞争力，也难以获得投保人的亲睐，无法长期发展；当实际费率较低时，虽然容易占领市场份额，但极易造成保险公司准备金不足，财务状况不稳定，甚至影响其偿付能力。[2] 因此，在制定投保费率时，应遵循如下原则：[3]

（一）足够性

保险费等于全部的预期损失加附加费用之和。从保险公司的角度看，保险费收入应能足以支付其各项赔款和费用支出，并且以合理利润与安全系数避免保险公司偿付能力不足的情况发生。因此，在厘定投

---

〔1〕《保险法》第136条规定，关系社会公众利益的保险险种、依法实行强制保险的险种和新开发的人寿保险险种等的保险条款和保险费率，应当报国务院保险监督管理机构批准。国务院保险监督管理机构审批时，应当遵循保护社会公众利益和防止不正当竞争的原则。其他保险险种的保险条款和保险费率，应当报保险监督管理机构备案。

〔2〕参见王彦晓：《论全面推进保险费率市场化改革》，载《武汉理工大学学报》（信息与管理工程版）2007年第3期。

〔3〕See Munich Re, Geographical Undewriting-A Central Component of Risk Management, *Topics Geo Annual Review*; *Natural Catastrophes*, 2005.

保费率时，应考虑到可能在该地区发生地震灾害造成损失的赔偿额，保险公司经营地震保险的各项成本和一定的利润，体现足够性原则，在此基础上进行保险费的厘定。

（二）合理性

投保费率足够性原则的存在及其作用，可能成为保险公司提高保险费率的借口，发生保险费率偏高的现象，这对被保险人和保险公司都是不利的。为了保障被保险人的权益，维持保险公司的竞争能力，必须建立起保险费与其所提供的保障之间的合理关系。地震保险虽为巨灾保险，一旦灾害发生赔偿损失责任较重，但在制定投保费率时仍需坚持合理性原则，既保障投保人因灾害造成的损失得到充分赔偿，也不能定立过高的保险费率。

（三）公平性

地震保险费率的公平性主要体现在对保险费率进行合理分类，消除不合理的地区差异。从投保人的角度看，投保费率应与保险公司所承担的危险性相当。在保险经营技术上，费率差别的存在是一种正常现象。例如，在地震常发地区四川、云南等地，费率可以比其他地区稍高一些。地震保险法对投保费率的规定，不在于有没有差别，而在于不同的费率是否真正反映其危险性的大小。例如在人寿保险中，由于存在被保险人的性别差别、年龄差别和职业差别，死亡率就不同，与此相应的保险费率也应有所不同。换句话说，不能将某一类保险的费率订得特别高，另一类保险的费率订得特别低，从而形成以前者填补后者的不公平现象。

突出地震保险费率厘定的三原则，目的在于说明保险费率的厘定应最低不得对保险人的资产构成侵蚀与最高不得对投保群体构成勒索之间做出选择，足够性的保费应该小于赔款，合理性的保费应该大于赔款，公平性的保费应该等于赔款。立法对地震保险费率进行规定，实际上是国家法律对保险费率的引导和监督，防止保险公司的逐利性扰乱地震保险市场，杜绝保险公司欺骗、误导投保人的情况出现，引导保险公司厘定合理的投保费率，强化投保人的权利，同时保证保险公司的利益空间，保持承保主体的积极性。[1]

投保费率的厘定方式因保险业务的性质不同而不同。例如人寿保险，多数国家并不直接管理人寿保险的投保费率，各保险公司之间因竞争而有高有低，但间接控制还是普遍存在。人寿保险保单定价时，将考虑四方面因素：生命表、投资回报率、费用和利润。寿险公司将综合这四方面因素来确定产品价格，以保证保险人与被保险人之间公平的交易。保险公司的精算师对这四方面因素做出假设并最终修订出保费费率表。公司的代理人将使用费率表为个人和团体投保人计算保费。[2]人寿保险费率虽然可以由保险公司自由决定，但保险市场上公司相互之间的费率差异并不太大。对于财产保险投保费率的订立和调整问题上，各国政府大都规定必须先经核定，方可使用。但是，政府由于其各种材料佐证的收集和各部门之间的协调工作都需要花费很多时间，当确定的投保费率出台时，此时市场可能又经历了多轮变化，导致投保费率与实际需求契合度不高。[3] 为了解决这种时间差问题，有些国家规定，财产与责任险费率的采用不必事先报批。在他们看来，保险市场中的部分规律可以对保险费率查收自发调整的作用。另外一些国家则采

---

〔1〕 地震保险费率的厘定和执行是国家法律对地震保险市场进行监管的重要内容之一，其目的和作用在于：第一，确立保险费率管理的政策及其制定的原则，规范保险费率的管理范围；第二，引导地震保险市场向合理竞争与健康发展方向发展；第三，促使保险人致力于费用管理，提高地震保险经营效率；第四，避免保险公司偿付能力不足的情况出现，并维护被保险人的利益和权利。

〔2〕 参见赵国贤：《美国保险监管及法规（中英文版）》，经济管理出版社2004年版，第46~47页。

〔3〕 参见钱雄伟：《试论保险"霸王条款"行政监管机制之完善》，载《鄂州大学学报》2012年第3期。

取折中的办法,规定投保费率的决定一方面必须报经政府主管部门核定,另一方面可以先行实施,报批与实施并行。但是,地震保险的投保费率与人寿保险不同,与一般财产保险也存在不同点,具有政策性。笔者认为,地震保险的投保费率可由保险公司先行制定,但必须经政府核定后方可实施。

4.1.3 不同国家和地区具体制度安排所产生的思考

在各主要地震灾害国家和地区,立法机构都针对不同的环境和灾害造成损失的大小和发生频率制定了不同的投保制度。具体如下:[1]

(一)美国加州

美国加州地震保险费率的厘定是根据加州地震灾害的强度、发生频率和 EQE International 提供的地震模型,采用期望损失的精算费率,将加州地震保险分为 19 个区域,费率从 0.11%到 0.525%不等。地震风险较高的区域承担较高的费率,地震风险较低的区域支付费率较低。

加州地震局(California Earthquake Authority,CEA)旨在为地震风险提供最基本的风险保障。目前,CEA 保单在美国已经被看成是行业标准,许多非 CEA 公司提供的地震保险都与 CEA 保单相似。在加州出售住宅保险保单的公司,70%以上都选择加入 CEA 并出售其保单。

(二)日本

在日本,地震保险费率由基本费率(纯费率)与附加费率组成,是日本家庭财产地震保险计算投保费用的主要费率依据,由中立费率计算机构根据地震特点和长期地震历史资料,并参考地震专家意见后厘定。将地震风险的损失分散到每个投保人身上的费率为纯费率,而附加费

---

〔1〕 G. C. A. Dickson, Risk and Insurance, The Chartered Insurance Institute, 1993.

率是结合保险公司承保地震保险的经营成本、人力成本等投入而厘定的费率。[1]

日本地震再保险公司(JER)根据被保险的建筑物的结构、所在地区等条件来决定地震危险度的大小,实行差别费率。[2] JER将日本划分为四个地区等级来确定地震保险费率,分别为:一类地区的非木结构基本费率为0.5,木制结构为1.2;二类地区分别为0.7和1.65;三类为1.35,2.35;四类地区的为1.75和3.55。[3] 当然,根据不同的抗震等级和建筑使用年限,还将享受一定的折扣优惠,分别在10%~30%。[4]

表1　日本四个地区保险费率

位置	建筑物	
	非木结构建筑	木结构建筑
ZONE1	0.5	1.2
ZONE2	0.7	1.65
ZONE3	1.35	2.35
ZONE4	1.75	3.55

(三)中国台湾地区

中国台湾地区地震基本保险费率按全岛单一费率,政策性地震保险费率由地震基金根据风险评估结构和投保理赔情况制定,在有权机

〔1〕 其中纯费率仅包含地震风险,附加费率则体现了保险公司的经营成本,但不包含预期利润率。

〔2〕 参见赵苑达:《日本地震保险:制度设计·评析与借鉴》,载《东北财经大学学报》2003年第2期。

〔3〕 日本地震保険株式会社(http//www.nihonjishin.co.jp)、2004年4月1日。

〔4〕 在2006年度,日本政府还出台了地震保险税收优惠政策,可以从所得税税基和地方居住税税基中分别扣除5万日元和2.5万日元促进地震保险的推广和覆盖。

关批准后再行实行。[1] 与日本地震保险的投保费率相比,我国台湾地区的费率更为细致,共分为四个标准,每个标准又涵盖了不同的等级:

1. 建筑标准。该标准分为三个等级,分别是:A 级为钢筋水泥、木质平房;B 级为钢筋水泥,外墙为砖;C 级为除上两类外的其他建筑物。

2. 不同地震区域标准。依据不同的地震等级区分,共分为四个地区:第一区包括新竹、台中、高雄、桃园县、南投县、彰化县、澎湖县、金门、马祖等;第二区包括台北、基隆、宜兰县等;第三区包括台南县、台南市、台东县;第四区为嘉义市、嘉义县、花莲县。且地震保险的基本费率在相同建筑标准下是依次升高的。

3. 楼层费率系数。根据不同的楼层,地震保险的费率也不相同。例如五层以下系数为 1.0,六至十二层系数为 1.1,十三层以上则为 1.2。

4. 动产费率系数。按使用性质划分,住户的系数为 0.5,商户的为 0.7,工厂的为 1.0。[2] 例如,第一区建筑 A 级的地震保险投保费率为 0.77,而第三区建筑 C 级的投保费率为 4.10。

(四)土耳其

土耳其的地震保险费率按照地区和建筑类型划分为 15 个档次,全国共划分为 5 个地震带,其中震区 1 的地震风险最高,震区 5 的地震风险最低。土耳其巨灾保险基金(TCIP)的费率是由政府财政署(Treasury Undersecretariat)确定,根据震区 1 到震区 5 不同地震风险及每个震区都含有的 3 种地震建筑类型,保险费率共分为 15 档。但这些费率分档及有关数据并不是一尘不变的,每年都需在政府的批准下,对数据进行重

---

〔1〕 参见董钢:《我国台湾地区住宅地震保险制度研究》,载《兰州学刊》2013 年第 6 期。
〔2〕 参见袁力、王和:《地震保险制度研究》,中国经济出版社 2013 年版,第 68 页。

新核定。[1]

其中，伊斯坦布尔的固定保费附加为15TL（新里拉），其他城市则是10TL。此外，TCIP保单的最低保费下限为25TL。[2] 纯保险费是指由保险人用以保障保险期间全部损失的保险费数量，而附加保险费是用于补偿保险人在损失赔付之外管理项目的成本，纯保险费加上一定数量的附加保险费构成总保险费。[3]

因此，我国地震保险法律制度对投保费率应实行政府与保险公司共同定价，并按地震灾害发生的频率不同、遭受损失不同等因素分区制定不同的费率体系，具体厘定程序如下：(1)提出费率及其调账申请。费率价格一般是由保险公司提出并向费率主管部门递交申请，当然消费者和相关方也可以提出申请，价格主管部门对经营者和消费者提出的价格申请进行审查，结合国家政策、经济发展水平、国内国际法律条文及保险市场变化等因素，确认或拒绝申请，间接引导费率价格的制定。(2)开展费率成本调查。价格主管部门在接收费率申请后，按照当前的国家政策要求或经济发展情况，要进行价格、成本、利润、税收等多方面的调查，研究价格的合理性和调整的必要性。(3)建立价格听证会制度。价格听证会要建立在对保险公司经营成本、投保居民经济水平等进行一定调查，并掌握相关信息的基础之上进行，给予消费者广泛的知情权，并对制定、调整费率价格的必要性、可行性等关键问题进行充分地论证。[4] (4)制定并公布费率。在经过一系列的调查取证获得的

---

[1] 土耳其地震保险费率的基本计算公式为：基础保单保费＝保险金额×保险费率；最终保单保费＝基础保单保费+固定保费附加。

[2] 自2009年1月1日起，TCIP向房主提供的地震保险最高保障金额为14万TL，如果房主有更高的保险需求，可以向商业保险公司投保。

[3] John F. Dobbyn, *Insurance Law in a Nutshell*, Thomson West, 4th Edition, June 1, 2007, pp. 43-44.

[4] 价格听证会制度是指政府价格主管部门，在决定或调整关系群众切身利益的公用事业价格、公益性服务价格、自然垄断经营的商品价格等政府指导价和政府定价之前进行的论证会。

相关信息和听证会意见,结合政策导向和法律规定,对保险公司或投保消费者提出的费率价格做出支持或反对意见,最终决定是否制定价格或对价格水平进行调整,通过政府公文或其他有效途径向社会公开发布。

4.2 地震保险专门法之偿付能力

偿付能力是指保险公司在保险事故发生时能否完全赔偿损失或多大程度的赔偿,地震保险法所规定的偿付能力则是专指保险公司对地震灾害造成的损失是否具有能力进行赔偿。[1] 对偿付能力的概念进行细分,可按照不同的标准分为最低偿付和实际偿付。[2]

目前的会计制度会将保险公司的全部资产都记录在其资产负债表上,实际上夸大了保险公司的偿付能力,其实际偿付能力往往小于其在资产负债表上所显示的权益额。[3] 因为,在资产负债表上显示的资产,在实际中可能已经部分或全部丧失价值,保险公司虽享有这部分财产,但并不具有相应的偿付能力。因此,保险公司在计算实际偿付能力时,已经扣除丧失价值的财产。在保险公司负债没有减少的情况下可支付财产减少,使得其偿付能力小于资产负债表的权益额。当保险公

---

〔1〕 参见温世阳、杨树明、樊启荣:《保险法》,法律出版社2003年版,第482页。

〔2〕 最低偿付能力是保险公司必须满足的偿付能力要求,即由保险法规定的保险公司在存续期间必须达到的保险公司认可资产与负债差额的标准。实际偿付能力是指在一个会计年度中,保险公司的实际价值与对外负债额之差。

〔3〕 会计制度(accounting system)是对商业交易和财务往来在账簿中进行分类、登录、归总,并进行分析、核实和上报结果的制度,是进行会计工作所应遵循的规则、方法、程序的总称。国家统一的会计制度是指国务院财政部门(财政部)根据会计法制定的关于会计核算、会计监督、会计机构和会计人员以及会计工作管理的制度。根据《会计法》的规定,国家统一的会计制度,由国务院所属财政部制定;各省、自治区、直辖市以及国务院业务主管部门,在与会计法和国家统一会计制度不相抵触的前提下,可以制定本地区、本部门的会计制度或者补充规定。

司选择承保地震保险业务时，其已享有国家政策支持等一些特殊待遇，相对于一般商业保险公司而言具有特殊性，通过与投保人意思一致所签下合同的约束，对合同项下地震灾害的发生导致的经济损失或给付责任承担赔偿或给付义务。

此外，地震保险合同与其他经济类合同也不相同。一般经济类合同在合同签订时就可以对双方的投入成本及预计收益进行粗略的计算，再现实地履行买卖行为或服务、商品互换时进行等价交易。地震保险合同的不同在于保险公司和投保人并不能在签订合同时就计算双方的成本和预期收益，其投保的价格和保险公司将要承担的赔偿责任都是在以往的经验和损害计算上得出。这种计算方式具有一定的科学性和合理性，但地震灾害本身的不确定性和高风险性使得灾害发生及造成的损失与预期计算结果大相径庭。如果预算的损失高于实际灾害，则对于保险公司而言其具备了充分赔偿的能力；但如果保险公司对灾害的损害预估过低，则低投保费率和低赔偿准备金使得保险公司无法进行完全赔偿，必须动用其自有资金或通过其他融资渠道。若这种情况经常发生或持续时间过长，则极易导致保险公司资不抵债、偿付能力不足，甚至破产。因此，限定保险公司合理的偿付能力非常重要，应从法律层面进行规制，在制定《地震保险法》时应有所体现。[1]

4.2.1 偿付能力不足的原因及法律规范的必要性

对承保地震保险的保险公司的监管不同于其他不承保地震保险的保险公司或其他行业，体现于对公司偿付能力的要求和监管力度不同。就一般企业而言，只要其资产价值高于负债额，已具备偿付能力。就保

〔1〕 See Ronald T. Kozlowski Towers Perrin, "An Introduction to Catastrophe Mode and Catastrophe Issues", The Journal of Risk and Insurance, 2005.

险公司而言,其资产价值大于负债额并不一定具有偿付能力,差额必须符合法律的规定值时才能说保险公司具有偿付能力。而对于地震保险公司而言,该偿付能力应该有更严格的要求,需法律条文明确规定。当保险公司的资产价值与负债额的差额不符合法律的规定值时,此时的保险公司不具备完全偿付能力,属于偿债能力不足。由此可知,保险公司的偿付能力不足与保险公司破产并不是相同的概念,偿付能力不足并不一定是"资不抵债",而破产则必然是公司资产价值小于公司负债的情形。对于承保地震保险的保险公司而言,导致其资产不充分、偿付能力不足的原因主要包括以下几点:

(一)保险费率厘定过低

保险市场是一个开放、竞争的市场,不同的保险公司之间也存在竞争。虽然前文对地震保险有政策性、强制性的定性,但对于获得承保地震保险资格的保险公司而言,彼此也存在激烈的竞争。各保险公司为了获得市场有利地位,承保更多的地震保险保单,争取大量的国家支持,在法律允许的范围内利用价格进行竞争。低水平的投保费用促成在厘定投保费率时订立较低的标准,使保险公司获得的保险费用较少,在发生地震灾害进行赔偿时不能达到收入支出平衡,形成保险公司亏损。

(二)准备金计算错误

准备金是事先筹备,预防可能发生灾害的赔偿金制度,是建立在对未来风险的计算基础上。这种计算方法当然具备科学性和合理性基础,也结合了以往灾害案例和赔偿经验。但对于地震灾害这种极端灾害而言,出现保险准备金与实际赔偿不相关的情况也不奇怪,这种不匹配势必造成保险公司的亏损。

(三)风险程度

承保地震保险使保险公司直接参与地震风险的分担,通过条款的制定明确其权利义务关系。在确定投保费率及国家税收优惠前，都会通过地震模型等方式计算地震风险程度。地震模型是对以往发生地震灾害的总结，反映地震的特点及损害程度，具有极强的参考性。但当出现意外因素或新情况发生时，这种风险考量往往不准确，使保险公司承担额外的赔偿责任，造成公司亏损。从保险公司偿付能力不足的角度分析，部分致害因素是可以克服的，部分不能克服，但可以通过预先措施安排进行防范，避免出现保险公司偿付能力不足。

偿付能力对于保险公司而言至关重要，是具备承保资格的前提条件，各国法律都对偿付能力进行了严格的规定。[1] 由于自身的特殊性以及对国家经济发展和地区稳定的重要作用，地震保险公司的偿付能力更应受到严格的监管。而且，保险合同不同于其他经济性合同的重要特点在于权利义务履行的不对称性。虽合同规定了双方的权利义务并臻于完善合同相对方的平等性，但保险公司是先收取保险费用，在地震发生后再进行保险赔偿，而投保人或被保险人需先缴纳保险费用后才能在发生地震灾害后享有请求赔偿损失的权利，保险公司提前占有了保险费用的现金利益。当保险公司收取保险费用后，承担赔偿责任前发生偿付能力不足、破产或其他影响被保险人请求赔偿权的是由时，与投保人签订的保险合同很多都没有到期，从而导致投保人或被保险人的经济保障丧失，蒙受了本应由保险公司承担的风险。因此，各国

---

〔1〕 如何确保保险公司切实、有效地承担责任？从国外的实践看，分层技术是解决偿付能力的主要选择，即将可能面临的地震风险责任划分为若干"层"，不同的层，采用不同的解决方案，同时在各层内部还可以采用"横纵结合"的模式。这样通过一个以分层技术为主，结合各种金融创新安排的模式设计，就能够最大限度解决偿付能力问题。同时，能够很好地兼顾可行性和效率问题。另外，就巨灾风险而言，即使采用了分层技术，仍然不能彻底解决偿付能力问题，因此，还应当考虑引入"回调机制"，即当发生特别巨大的地震损失，这个损失超过了住宅地震保险制度设计承受的程度时，允许其启动"回调机制"，即按照总偿付能力与总损失的比例，进行比例赔偿。

法律均对保险公司的偿付能力进行明确规范,防止保险公司出现偿付能力不足而造成社会恐慌、保障缺失等情形的出现。对偿付能力的监管应为对保险公司监管的核心。

4.2.2 偿付能力评价之一:最低偿付额度

在分析保险公司的偿付能力时,应同时规定保险公司承保地震保险的最低偿付额度。进行最低额度的标准设置,既保证了保险公司的承保能力,也便于政府机构及保险行业协会在保险公司偿付能力低于最低偿付额度时对保险公司进行干预,使其提升偿付能力或免除承保资格。

最低偿付能力界限的确定方法,各国根据其自有的特点有所不同。但大多数国家和地区通常用保险企业资产减去负责之差的方法加以确定。如《英国1983年保险公司(会计与报告)条例》规定净资产减去确定的负债之差必须大于最低偿付能力边界。中国香港特别行政区《保险公司条例》规定,保险企业必须拥有规定的最低偿付能力准备金,即其资产总值减去负债后必须达到指定金额。该指定金额根据前一财政年度的保险费收入计算,保险费收入在1亿港元以下按1/5计,超过1亿港元部分按1/10计算,最低不能低于500万港元。[1]

我国《保险法》第101条明确规定了保险公司的最低偿付能力,并提出了偿付能力不符标准时的弥补措施。[2] 在未来制定地震保险法时,同样应有此规定,且应对承保地震保险的保险公司有严厉的要

---

〔1〕 See Munich Re, Topics geo: Geographical Underwriting-Applications in Practice, 2001.

〔2〕 我国《保险法》第101条规定:"保险公司应当具有与其业务规模和风险程度相适应的最低偿付能力。保险公司的认可资产减去认可负债的差额不得低于国务院保险监督管理机构规定的数额;低于规定数额的,应当按照国务院保险监督管理机构的要求采取相应措施达到规定的数额。"

求,即对最低偿付能力有一个更高的标准。

4.2.3　偿付能力评价之二:区分损害偿付制度

制定地震保险法应考虑制定偿付金额的区分损害制度,换言之,保险公司在赔偿损失时,应据保险标的为家庭或住宅财产之不同、地震灾害造成损害程度之不同,依此订立赔偿标准。日本地震保险法对区分损害制度规定的比较细致、科学,根据不同的标准制定了不同的损害偿付制度:

(一)住宅

因地震灾害造成的住宅损坏由于程度的不同而进行不同比例的保险金赔偿。当住宅全损时,保险公司应当进行保险金全额赔偿;当住宅损坏被定义为半损时,此时保险公司赔偿的金额为保险金总额的50%;当只有部分损害时,应赔偿额为保险金的5%。同时,对赔偿额也有一定的限制,每次赔偿应以所定义损失程度的标准为限,即全额50%、5%,并且无论保险价值为多少,赔偿总额都不能超过5000万日元。

所谓全损,是指住宅的主体结构部分的损毁造成的损失达到该住宅价值的50%及以上,或住宅所占地面面积的流失、损毁程度达到住宅占地总面积的70%及以上。如果由于地震灾害的发生,造成房屋出现现实且紧迫的危险而永久性无法居住,也属于全损的赔偿范围。但暂时性的不能居住,经过修葺后仍可使用的,则不属于全损。主体结构部分的损失应当包括住宅还原、地面修复等资金支出,但必须为现实需要、直接产生的费用。[1]

住宅半损的标准为主体结构部分的损失为住宅总价值的20%~50%,或住宅所占地面面积的流失、损毁程度达到了住宅占地总面积的

---

〔1〕　参见日本《地震保险法律实施令》第1条,《地震保险普通保险条款》第1条。

20%~70%。[1]

部分损害则是指主体结构部分的损毁程度为住宅总价值的3%~20%。[2]

(二)家庭财产

家庭财产是指住宅内部为家庭所有的可移动、半可移动财产。在全损、半损、部分损害的情况下,家庭财产保险金的赔付标准与住宅损害赔偿标准相同,即全损为保险金全额赔偿、半损为保险金50%赔偿、部分损害为5%的保险金赔偿,同时赔偿总额不得超过1000万日元。

家庭财产的全损是指损害金额为该财产价值的80%及以上,半损是指财产损失金额为30%~80%,部分损害的损失金额为该财产价值的10%~30%。[3]

我国地震保险法可以参照日本相关法律的规定,分别对住宅和家庭财产,全损、半损、轻微损等进行不同的偿付金额标准。但在具体数额上,应结合我国国情、投保地震保险地区的经济发展现状等因素,科学、合理地制定标准。

4.2.4 偿付能力评价之三:最高偿付限额

地震保险具有不同于一般商业保险的特殊性质,在保险金偿付上既要考虑保险公司的给付能力,又要考虑地震灾害的损失程度。地震保险法应对保险金给付的具体数额进行限制,樊启荣教授在其保险法著作上有对保险赔偿自负额和免责额的讨论,可用于地震保险法中对保险公司偿付能力的规定。自负额和免责额是分别针对投保人和保险

---

〔1〕 参见日本《地震保险法律实施令》第1条第1项第2号。
〔2〕 参见日本《地震保险法律实施令》第1条第1项第3号。
〔3〕 参见日本《地震保险法律实施令》第1条第1项第4~6号。

人的一组概念：自负额是指在一定金额内完全由投保人承担损失，超过该额度则保险人仅就超过部分承担赔偿责任；而免责额则是指在一定额度内保险人不承担赔偿责任，当超过该限额时保险人承担所有赔偿责任。[1] 各主要地震国家和地区在地震保险最高偿付限额上都有类似的规定：

（一）美国加州

加州立法机构制定的《加州地震保险法案》对地震保险承保对象的规定仅为地震灾害造成的受损房屋的修复、重建费用。在建筑物的结构遭受破坏时考虑免赔额，其金额为保险金额的 15%，且适用于总损失。加州地区地震灾害的财产修复最高限额为 5000 美元，暂时的在外住宿费用也为 5000 美元。

（二）日本

日本地震保险合同的保险金额规定为主合同保险金额的 30%～50%。住宅用和建筑物不超过 5000 万日元，生活用动产不超过 1000 万日元。[2] 日本法所规定的保险金最高赔偿限额包括了同一家庭财产或住宅所签订的所有保险合同，是所有保险金赔偿的总额标准，即无论投保人是否为住宅或家庭财产投保了其他商业保险，其所能享受到的保险赔偿住宅不得超过 5000 万日元，生活用家庭财产不得超过 1000 万

---

[1] 所谓自负额，又称减额，是指在保险单中订立一确定金额，损失在此金额以下者，保险人不负补偿之责；超过此金额者，保险人仅对超过部分负补偿之责。规定自负额之目的，在于减少小额损失之补偿。由于小额损失之理赔费用，有时可能超过实际的补偿金额，因此，自负额的采用，亦有利于被保险人，可因保险成本之节省而减轻保费之负担。所谓免责额，又称最小损失免责额，是自负额的一种特殊形式，或者以一定百分率，或者以一定金额来表示。在此百分率或金额以下的损失，保险人不负补偿之责，超过此百分率或金额者，保险人则对全部损失负补偿之责。故免责额又称为消灭性自负额。规定免责额的目的，亦在于减少小额损失之补偿。参见樊启荣：《保险法》，北京大学出版社 2011 年版，第 84 页。

[2] 野崎洋の：日本地震保険責任は政府共同分担、第 5 回中韓日保険産業シンポジウムで、2012 年 6 月。

日元,新保险合同所规定的保险金赔偿额不得超过总限额减去之前合同的保险金赔偿额。[1] 日本政府和私人保险公司在地震发生后的赔付标准都是以《地震保险法》为依据,如一次地震灾害造成总额为5.5万亿日元的赔偿金额,政府承担了近4.4万亿日元的赔偿责任,而保险公司及其他机构进行余下的赔偿。[2]

表2 日本各地区最高赔偿标准[3]

地区	区域	最高赔偿标准
1	北海道	30%
2	青森,秋田,山形 ,新泻	100%
3	岩手,宫城,福岛	100%
4	茨城县,枥木,群马,埼玉	30%
5	东京,千叶,神奈川	15%
6	爱知,静冈县,山梨县,长野,三重,岐阜	30%
7	富山县,石川县,福井县	100%
8	大阪,奈良,京都,兵库,和歌山,滋贺县	30%
9	山口县,广岛,岛根县,鸟取,冈山	30%
10	爱媛县,香川,德岛,高知	100%
11	福冈,佐贺,长崎,大分,熊本,宫崎,鹿儿	100%
12	冲绳	30%

[1] 参见日本《地震保险法律实施令》第2条,《地震保险普通保险条款》第4条。

[2] 在该次地震保险赔付中,赔付总额为5.5万亿日元,其中政府承担439,15亿日元,民间保险公司承担8778.1亿日元。参见贾洪波、苗红军、王玥:《日本居民户地震保险制度探析》,载《经济研究导刊》2009年第14期。

[3] 日本的保险人采用限制赔偿保险制度。根据投保标的所在地理位置,将地震损失赔偿的限额设定为主财产险保单保险金额的一定比例。由于东京地区高发地震风险,区域5最高赔偿限额最低,仅为15%。这种情况下只有通过数家共保来承担投保人100%的风险。

（三）中国台湾地区

中国台湾地区地震保险法律规定，在一次地震事故中，地震基本保险的赔偿总额为700亿元新台币。每户保险金额最高为120万元新台币，保险期限为1年。一旦超过上限，则由各个参与方按照承保比例减额赔付，但临时性住宿费用不在减额赔付之列。在商业性附加险的保额大多不超过500万元新台币。

（四）法国

法国的《自然灾害保险补偿制度》是规范了包括地震、洪水、雪崩等各种巨灾的法律制度。其规制的承保对象也非常宽广，不仅包括了与日本法、新西兰法规定相同的个人住房、家庭财产、企业用房与财产，还包括了供个人使用的车辆、企业的经营收入损失等。[1]

在法国，自然灾害保险附加在财产保险中。当投保人投保某项财产保险时，保单会自动附加承保自然灾害风险的保费。这一保费是按特定比例计算得出，具有强制性的特点。赔偿责任涵盖居民的财产损失、企业的财产损失以及营业中断损失，但不包括政府所拥有的公共建筑物受到的损害。[2] 综合性自然灾害保险遵循基础保单条款的规定，但对于免赔额和投保费率的规定除外。

在法国的巨灾保险制度中，免赔额是一个非常重要的因素。免赔额是强制性的，即使基础保单里没有免赔额的规定，附加的综合性自然灾害保险也必须采用免赔额制度。而且，法国的免赔额制度并不需要保险公司自己研究、计算，再向主管部门提出申请，而是直接由政府相关部门确定及更新，并通过公文、政令的形式公布。保险公司需按照政

〔1〕 法国《自然灾害保险补偿制度》覆盖个人的房屋及财产、车辆等，还覆盖企业房屋及财产，甚至包括企业的经营收入。财产所在地也不限于城市，还包括农村地区。

〔2〕 其保险金额即为主保单的保险金额，承保金额不设上限。

府的规定执行,不能擅自变通或改变。

1995年2月,法国推出了“风险防范计划”(Prevention Plan of Risk,PPR),引进了“阶梯式免赔额”的规定,即保险单的免赔额依赖于该地区风险减少措施的实施情况。2001年以后,法国政府为鼓励危险地区加强灾害预防工作,又进一步对“阶梯式免赔额”做出了修订,将保单的免赔额、赔款都与风险减少措施结合起来。此阶梯式免赔额规定适用于:(1)有可以预见的巨灾风险但还没有制定适当防护计划的地区;(2)已经制订了可预见风险的防护计划,但4年内该计划没有获得批准的地区。当一个地区循环发生事故时,免赔额会提高。这一措施显著增加了市镇制订风险防护计划的积极性。

在未来的地震保险法中增加对最高偿付限额的规定,既有利于提高保险公司承保地震保险的积极性,也间接推动投保居民增强防御地震灾害的意识,主动按照严格标准建设房屋并经常进行修复工作,减少因地震灾害造成的损失。[1]

4.3 地震保险专门法之地震保险合同

保险合同作为各国保险法律制度直接运作的手段,是商业保险所必需且特定的法律形式,也是保险法的主要规范内容之一。[2] 研究地震保险合同,在地震保险法中对保险合同进行规定,有利于规范合同双方的权利义务。

---

〔1〕 See Arthur Charpentier,“Insurability of Climate Risks”,the International Association for the Study of Insurance Economics 1018-5895/08,The Geneva Papers,2008,33(91-109),2008.

〔2〕 参见樊启荣:《保险法》,北京大学出版社2011年版,第21页。

4.3.1　地震保险合同的概念陈述与特征总结

地震保险合同具有合同的基本属性，规范了投保人与保险公司的权利义务，并作为双方主张权利的原始依据。[1]

（一）地震保险合同的概念

保险合同相对于一般合同而言，是一种特殊的合同，而地震保险合同是保险合同的特殊合同，其包括以下具体的含义：一是地震保险合同是一种民事合同，是由保险公司和投保人作为平等的民事主体之间达成的合意。从本质上看，地震保险合同是保险人与投保人之间的债权债务关系，因而民法有关债的规定也应适用于地震保险合同。除了地震保险法对地震保险合同另有规定外，其可以适用合同法的一般规定。二是从内容上看，地震保险合同规定了投保人和保险公司的权利义务，包括合同双方享受权利和承担义务的时间、是否发生变更及终止事由。三是地震保险合同的订立主体仅为双方当事人，即保险人和投保人之间的协议。我们知道在地震保险合同中，除了签订合同的双方当事人之外，还存在其他求偿权利主体，但地震保险合同的主体仅限于投保人和保险人。

保险实质上是靠投保人全体来分摊自然灾害或意外事故的风险。在风险发生后，通过保险赔偿，对受害人提供有效的救济，这是保险所应当具有的功能。[2] 保险具有侵权责任、社会救助等制度所不具有的特点，主要表现在其具有及时性、简便性和可预见性。在保险事故发生后，相对于侵权损害赔偿而言，被保险人无须经过繁琐、漫长的诉讼程

〔1〕 地震保险合同的内容包括合同一方（投保人）向另一方支付约定的保险费，另一方（保险人）于约定的地震灾害发生时履行给付保险金义务的双方法律行为。

〔2〕 参见江朝国：《保险法逐条释义》（第 1 卷 · 总则），元照出版公司 2011 年版，第 17～18 页。

序,即可获得赔偿。[1]

(二)地震保险合同的特征

地震保险合同是合同双方(投保人与保险公司)为了规避、预防、补偿地震发生后给投保人带来的经济损失而签订的合同,具备一般合同的所有属性,其特征也与一般合同相同。但由于地震保险的特殊性,决定了地震保险合同又是一种特殊的合同类型,故而具有一些自身的法律特征。

王利明教授在《合同法分则研究》(下卷)一书中把保险合同的特征归纳为七点,即主体的特殊性、目的的特殊性、内容大多具有格式性、最大诚信性、射幸性、非要式性和双务有偿性。[2] 而具体到地震保险合同中来,由于其具有的不同于一般保险合同的特质,其特征应归纳为以下几点:

1. 属人性

属人性,又称对人性。[3] 首先,地震保险合同的订立,以保险人与投保人之间的相互信任为基础,而不是对其他保险辅助人的信任。所谓保险辅助人,是指在订立保险合同过程中有关的保险代理人、经纪人等。[4] 保险人在决定是否同意承保,以及在估算保险费率时,通常也是在考察投保人的具体情况,包括其居住的房屋状况,所在地区发生地震灾害的频率及严重程度等基础上做出判断。其次,保险事故发生后造成损害程度的大小,不仅与具体的客观因素息息相关,而且与投保人相关的主观因素也密切联系。例如,一个主动防御的地震保险投保者虽然会首先选择投保地震保险寻求保障,同时也会加强房屋的牢固程

---

〔1〕 参见王利明:《合同法分则研究》(下卷),中国人民大学出版社 2013 年版,第 347 页。
〔2〕 同上书,第 347~351 页。
〔3〕 参见温世扬、杨树明、樊启荣:《保险法》,法律出版社 2003 年版,第 53 页。
〔4〕 参见许崇苗、李利:《保险合同法理论与实务》,法律出版社 2002 年版,第 138 页。

度,定期修复房屋等,在发生地震灾害后其受到的损失也会相应减少。而被动投保者则不会做这些,其受到灾害损失程度也会相应较大。

2. 目的单一性

地震保险合同一旦订立,合同双方的权利义务关系随之确定下来。而合同订立的目的只是预防及弥补地震灾害的发生给居民带来的损失。通过保险合同的签订,投保人交纳保险费用,将保险标的面临发生事故的风险转移给保险人承担,保险人在保险事故发生时支付给被保险人一定金额的保险金,赔偿被保险人的损失,避免事故的发生给被保险人以巨大的冲击,严重影响正常的生产、生活等活动。[1] 对于其他保险合同而言,保险事故可以包括很多种形式,如对于人寿保险合同而言,其保险事故可能是车祸、运动摔伤、工伤事故、旅游意外等,而对于地震保险合同而言,其保险事故只能是地震灾害的发生,与其他保险合同相比,其目的具有单一性。

3. 最大诚信性

最大诚信原则是以英国判例法经典案例 *Carter v. Boehm* 案为背景产生的,发生于18世纪中叶。[2] 当时的大法官曼斯菲尔德在审理该案时确定了最大诚信原则在保险合同中的重要性,该原则的法律地位也随即被确立下来。[3] 到了1906年,英国立法机构在其颁布的《海上保险法》上用法律明文规定的形式公布了该原则。[4] 诚实信用是任何合同的基础,我国《民法通则》《合同法》《保险法》等部门法律对诚实信用

---

〔1〕 See Mehr, Camack: *Principles of Insurance*, R. D. Irwin, 1985, p. 34

〔2〕 *Carter v. Boehm*, (1766) 3 Burr. 1905 at p. 1909.

〔3〕 参见黄英君:《最大诚信原则欠缺 我国保险业诚信缺失的立法诱因》,载《保险职业学院学报》2005年第4期。

〔4〕 该法第17条规定:"海上保险契约式建立在最大诚信基础上的契约,如果任何一方不信守诚信,另一方可宣布合同无效。"参见任自力:《英国2012年消费者保险法变革透视》,载《政法论丛》2012年第5期。

原则都有明确具体的规定。[1]

地震保险合同的合同双方应适当履行相关诚实义务，促使合同目的的实现。保险人应在诚实守信的基础上厘定保险费，而投保人也应将符合实际情况的基本情况告知保险人，防止逆选择现象的出现，因为合同双方主体任何有违诚信之原则，均可能会加重对方的风险。地震保险法应规定，在地震保险合同双方违背最大诚信原则时，守约方享有法定解除合同的权利，否则极易使地震保险成为一种赌博，滋生流弊。[2]

4. 射幸性

地震保险合同为有偿合同。依照民法原理，有偿合同又可分为实定合同与射幸合同。所谓射幸合同，是指以机会利益为标的的合同，当事人义务的履行取决于机会或不确定事件的发生或者不发生。[3] 地震保险合同是典型的射幸合同。地震灾害的显著特点是其具有不确定性，或偶然性，发生与否很难确认，发生时间很难掌握，发生地点很难锁定，至于发生后将造成怎样的损害更是需要长时间、多领域专家的共同合作，且对下一次地震灾害的损害程度分析无太大关联。正是这种偶然性决定了地震保险合同的射幸性特征。

地震保险合同的射幸性还表现在当事人双方的支出和收入的不平衡性。就投保人、被保险人而言，当地震灾害发生时，保险公司对投保

---

[1] 《民法通则》第4条规定，民事活动应当遵循自愿、公平、等价有偿、诚实信用的原则。《合同法》第6条规定，当事人行使权利、履行义务应当遵循诚实信用原则。《保险法》第5条规定，保险活动当事人行使权利、履行义务应当遵循诚实信用原则。

[2] "保险契约则尤重善意与诚信，若违背此一原则者，在其他契约有时或可予以宽容，在保险契约，则往往不予宽容，盖所需善意之程度有别也。"参见桂裕：《保险法论》，三民书局1981年版，第30~31页。

[3] 《法国民法典》第1104条规定："当契约等价是指每一当事人依据某种不确定的事件，均有获取利益和遭受损失之几率时，此种契约为射幸契约。"

人的赔偿需按照地区统一标准进行,既包括地区的生产力水平、经济发展水平,也包括投保标的的现金价值,赔偿金额一般远远高于投保人预缴的保险费用。当地震灾害没有发生时,投保人所预缴的保险费用并没有产生实际收益,且不能转入下一年度,所获得的保险收益只停留在理论层面。反之,保险公司所受地震灾害发生与否的影响与投保人正好相反:当地震灾害发生时,保险公司应当给付的保险金与其预收的保险费完全不成比例,需动用其预存的资本金或再保险等其他渠道进行赔偿;而一个保险年度内没有地震灾害发生时,保险公司不仅毋须履行给付保险金之义务,而且将预收的保险费用作为其合法收入。但是,倘若综合考察全体保险合同,则保险费与保险金之间的关系,并非完全依赖于地震灾害是否发生,而是有其一定的数理基础,即前文说到的大数法则。〔1〕

5. 非要式性

依合同是否须采取某种特定的方式为之,可将合同分为要式合同与非要式合同。要式合同是指必须依一定方式而为意思表示的合同,而意思表示不受一定方式限制者,则为非要式合同。民法权威学者都将保险合同认定为非要式合同,〔2〕而地震保险合同作为保险合同的一种,也应为非要式合同。地震保险合同的非要式性,符合保险法优先保护投保人的发展趋势,既使得被保险人于双方当事人意思表示一致后,至保险单证签发前此一时间段内,同样能获得真正的保险保障。而且,非要式性还能有效预防源于保险人方面的道德危险,即保险人对所承保危险持观望态度,故意拖延保险单证的签发,一旦发生灾害,则以

---

〔1〕 参见潘苏华:《保险合同中逆向选择风险的法律规制》,载《经济与社会发展》2006年第2期。

〔2〕 参见王利明:《合同法分则研究》(下卷),中国人民大学出版社2013年版,第351页;温世扬:《保险法》,法律出版社2003年版,第54页。

保险合同尚未成立为由拒绝承担保险责任。[1]

6. 诺成性

根据不同的合同,其成立与否有不同的特征要求。如有的合同成立时需要交付一定的物品或履行行为,为实践性合同,反之则为诺成性合同。诺成性合同并不是以交付标的物或者履行其他给付为成立要件的合同,又称为不要物合同。实践性合同则是以交付标的物或者履行其他给付为成立要件的合同。笔者认为,地震保险合同应为诺成性合同,因为投保人交付保险费是其依合同约定履行合同义务的行为,而非保险合同成立要件的完成行为。我国地震保险法可以规定在地震保险合同成立之后,何时开始生效,其生效是否以交付保险费为条件,可由当事人自由约定。

7. 政策性

地震保险合同应具有政策性的特征。笔者在上文提到,地震保险不同于一般商业保险和人身保险,其对保险赔偿金的需求巨大,个别保险公司无法承担该赔偿责任。且对于保险公司而言,基于商业主体逐利性的特性,如果没有强有力的外力监督,很难保证其在地震保险投保、履行责任等环节上不出问题,这实际上损害了投保居民的利益,也不利于地震保险业的长期发展。在地震保险没有完全市场化、相关法律制度不健全时,政府是地震保险合同各环节最合适的监督、引导主体,对地震保险合同某些条款的确定、监督双方义务责任的履行等方面发挥着重要作用。[2]

---

[1] See Eugene, Catastrophe Risk Management at the Country Level: International Experience, Papers to The 2nd Seminar on Risk Management in China, April 2008.

[2] 参见裘红霞:《提高保险从业人员素质 促进保险事业稳定发展》,载《兰州商学院学报》2003 年第 5 期。

4.3.2 区分讨论地震保险合同的订立标准与生效条件

合同是“一项或一连串诺言,违反这些诺言需要依法给予另一方救济,而履行这些诺言则是法律以特定方式认可的责任”。[1] 地震保险的保单实质上是保险人与被保险人之间的合同。在大多数的保险交易中,保险人与被保险人之间的诺言是以协议的方式进行交换的,这份协议反映了双方之间的合意。而要创制一份有约束力的协议,当事人必须:(1)完整地完成要约和承诺程序;(2)彼此都给予对方对价,用来交换对方的诺言;(3)具有缔约能力;(4)遵守书面合同的要求;(5)具有合法的合同目的。

(一)地震保险合同的订立

所谓合同的订立实际上是双方真实意思表示一致,对合同各条款、权利义务分配等无异议时所做的共同决定,而地震保险合同的订立即为投保人与保险人对地震保险合同各项达成合意的结果。[2] 合同是双方当事人就同一事务进行沟通开始,到最终达成意思一致的产物。[3] 地震保险合同的订立,须经过要约与承诺两个阶段,否则,保险合同无法成立,保险关系也无从存在。

要达成一份地震保险合同,双方当事人必须彼此表明愿意受合同约束。要约人表达愿受约束的方式是邀请另一方围绕合同条件作出某种意思表示。如果受要约人按照要约人邀请的方式作出承诺,则合同就算成

---

〔1〕 美国1981年《第二次合同法重述》第1条。

〔2〕 参见何东山、陈刚:《适用新〈新保险法〉解决国有保险公司的困境》,载《保险研究》2003年第6期。

〔3〕 “论及合同,依据当事人双方的协议形成法律关系这一要素被认为是最本质的东西。合同是从合同当事人之间的交涉开始,由合同要约和对此的承诺达成一致而成立。”参见[日]北川善太郎:《中国的合同法与模范合同法》,王晨译,载《外国法学》1987年第3期。

立。合同法对共同意思表示的要求同样适用于地震保险合同。[1]

地震保险合同的订立过程起始于投保人向保险公司发出要约。[2]与其他合同一样,消费者是按照保险人所拟定的格式来向保险人作出要约的。由于地震保险具有政策性和强制性特点,因此,只要投保人没有违背法律的禁止性规定,保险人应该接受这个要约。在保险人接受该要约但还没有正式签订合同的时间里,投保人可以随时撤回要约,而不必承担任何责任。在对方作出承诺之前,要约可以随时撤销,这本来就是合同法里一项最基本的内容。但是,笔者认为,在地震保险法中不必要规定撤销要约的条款,因为从各国的保险法中我们发现其实都是允许投保人在收到保单之后可以有一段时间考虑,在此期间,可以取消合同,取回当初预付的保险费。[3]

如果保险人对投保人的回应是签发一张保单,但这张保单的条款与其投保所要求的保单条款不一致,保险人就是发出了一项反要约。[4]保险人的反要约会使投保人的要约失效,而投保人此时则有权决定是否接受保险人的要约、达成合同。不消说,投保人可以拒绝接受,这与其他交易中的受要约人可以自主拒绝要约的情形是一样的。

合同是否成立通常是要用客观标准来判断的。因此,如果甲向乙发出邀请,这项邀请是否能构成要约取决于乙能否合理地理解甲的意

---

〔1〕 *Golden Eagle Ins. Co. v. Foremost Ins. Co.* ,25 Cal. Rptr. 2d 242 (Cal. Ct. App. 1993); *Vesely v. Nat'l Travelers Life Co.* ,682 N. W. 2d 713 (Neb. Ct. App. 2004).

〔2〕 *Callahan v. Wash. Na'l Ins. Co.* ,608 N. W. 2d 592,597(Neb. 200); *Smith v. Colonial Ins. Co. of Cal.* ,515 S. E. 2d 775,777 (Va. 1999); *Richborn v. Liberty Life Ins. Co.* ,468 S. E. 2d 292,299 (S. C. 1996); *G. P. Enters. , Inc. v. Jackson Nat'l Life Ins. Co.* , 509 N. W. 2d 780 (Mich. Ct. App. 1993); *La. Commercial Bank v. Georgia Int'l Life Ins. Co.* , 618 So. 2d 1091 (La. Ct. App. 1993); *Robertson v. Life Ins. Co. of Ga.* ,396 S. E. 2d 35(Ga. Ct. App. 1990).

〔3〕 215 Ⅲ. Comp. Stat. § 5/224(2001); 40 Pa. Consol. Stat. § 752(2001); Neb. Rev. Stat. § 44-32. 130(2001).

〔4〕 *Lindsay Ins. Agency v. Mead*,508 N. W. 2d 820,826 (Neb. 1993); *Kopff v. Economy Radiator Serv.* ,828 S. W. 2d 449 (Mo. Ct. App. 1992).

思,至于甲在主观上怎样想则是无关紧要的。通常,如果地震保险投保人认为保险代理人的招徕是要约,而自己只需填好投保单就构成承诺的话,这样的理解就不能算是合理的。在签订一般保险合同中,代理人都会直接或间接告诉投保人,保险公司保留接受或拒绝投保单的权力。虽然地震保险不同于一般商业保险,具有一定的强制性和保障性,但投保人在填写投保单时,保险公司并不了解投保人的具体情况,对该地区发生地震的概率,损失程度等都没有完全的了解,需要给保险公司一定时间了解情况。

但是,正因为合同的成立要用客观标准来判断,这在某种情况下也使得保险人可以向消费者发出要约,而消费者只要填好投保单就构成了承诺。例如,在保险合同中,投保人如果通过机场的自动售货机购买航空意外险的话,合同在他们把填好的投保单投入机器的那一刻起便成立了,保险公司通过售货机向所有路过的旅客发出要约,而投保人递交投保单的行为则构成承诺。同样,如果保险公司向无数个人散发地震保险单,邀请他们填写投保单,在这种情况下,一个合理的第三人会觉得,只要自己填好了投保单并寄回去,保险合同就会成立。[1]

如果是由投保人向保险人发出要约,则受要约人表明自己愿意受约束的行为便构成承诺。从技术上说,这个行为从受要约人做出意思表示的那一刻(装有保单的信封被投入邮筒,可以寄往投保人的时刻)开始生效。但是,尽管保险单据是由保险人制作的,它也可以另行约定承诺生效的时间。所以,要约(由保险人替投保人制作,但由投保人作出)可以规定:承诺于保险公司总部批准承保时生效,或者于保单送达

〔1〕 *Fritz. v. Old Am. Ins. Co.*, 354 F. Supp. 514 (S. D. Tex. 1973); *Klos v. Mobil Oil Co.*, 259 A. 2d 889 (N. J. 1969); *Riordan v. Auto. Club of N. Y.*, 472 N. Y. 2d 811 (N. Y. Sup. Ct. 1979); *Metts v. General Standard Life Ins. Co.*, 298 P. 2d 621 (Cal. Ct. App. 1956).

投保人时生效。对这类要求,判例法国家的法院都会按照客观标准考察,一般也都会认可其效力。[1] 笔者认为,如果保单中规定的承诺生效条件未能满足,哪怕保险人接受了投保人首期保费,这也不会构成合同的成立。如果保险人拒绝了投保人的要约,他需要退还所收下的保费。对于地震保险合同而言,保险人持有保险费是合同成立的必要条件而非充分条件,保险人依然可行使权利拒绝承担保险。

只有双方当事人依照合同规定履行义务,才能使地震保险合同订立。合同双方都需按照合同规定履行相关义务,如投保人需按时按量交纳保险费用,同时在出险时履行其他义务,以换取保险人允诺在出险时进行赔付。然而,有些学者认为,保险合同是单边合同即只有一方当事人作出允诺的合同。[2] 在单边合同里,通常是要约人许下诺言,允诺要为某种行为,而前提是受要约人作出对等履行。在这种合同里,只有当受要约人完成了履行时,合同才算成立,只不过一旦受要约人开始履行,要约人便不能撤销其要约。笔者认为,将地震保险合同定义为单边合同是有问题的,投保人固然是作出允诺的一方,但地震保险合同要等到保险人完成赔付时才算成立,可这时往往就是保险期间终结的时候,亦即,此时应当是保险保障终止的时候。

之所以会有一些学者和专家认为地震保险合同是单边合同,原因在于被保险人没有义务持续缴纳保费,如果被保险人拒绝缴纳保费,保险人唯一的救济就是撤销保单。保险人不能起诉被保险人,要求后者缴纳到期保费。所以,被保险人既然没有允诺作出任何行为,这样的合

---

〔1〕 *Killpack v. Nat'l Old Line Ins. Co.*, 229 F. 2d 851 (10th Cir. 1956); *Gray v. Great Am. Reserve Ins. Co.*, 495 So. 2d (Ala. 1986); *Whitmire v. Colonial Life & Acc. Ins. Co.*, 323 S. E. 2d 843 (Ga. Co. App. 1984).

〔2〕 Janice Greider, Murial Crawford & William Beadles: *Law and the Insurance Contract* 34 (6th ed. 1989).

同就应当是单边的。事实上,更准确地说,地震保险合同是“逆向单边合同”。地震保险合同的要约人通过立即履行的方式发出要约,换来保险人的诺言;被保险人的要约则是,“只要你许诺在地震发生时支付赔款,这些保费就归你了”。但是这样解释仍然存在明显的纰漏,即被保险人所谓的履行(缴付保费)实际上和许诺没什么两样,“只要你允诺在地震发生时赔付,那我就允诺支付保费”。所以,更恰当的方法是把地震保险合同视为双边合同,而这个双边合同可以因一方当事人的完全履行(投保人预先缴纳保费)而“转变成”单边合同。

但是,无论是将地震保险合同定性为单边、双边、逆向单边还是先双边、后单边,这在实际业务中都是无关紧要的,因为最终的结果都是要使保险人作出一个承诺,一个具有法律救济支持的诺言,亦即一份合同。

(二)地震保险合同的生效

已成立的地震保险合同,符合法定的有效条件,并使其所具有的法律效力得以实际发生时,该保险合同为生效的地震保险合同。我们知道,如果法律没有特别的规定,且当事人也没有特别约定的,合同自成立时开始生效。根据意思自治原则,法律行为依据当事人的意思成立,并发生当事人所意欲发生的效果。但是,合同是以当时的情况与各要求符合而成立的,在成立之后可能出现新的问题或不朝着预想方向发展的情形出现,此时如继续按照原合同履行会造成对合同一方或双方不公平,因此法律应允许当事人对法律行为另附条款,防止其发生或消灭产生的效果对合同履行造成重大影响。法律行为的附款实际上是当事人所附加的一种限制,并影响到法律行为是否发生或消灭。[1] 法

---

〔1〕“为顺应当事人需要,法律乃本乎私法自治原则,创设两种制度,俾供利用,一为条件,一为期限。条件与期限除分配交易上危险外,亦具有引导相对人为特定行为的功能。”此即法律行为的附款。王泽鉴:《民法总则》,中国政法大学出版社2001年版,第420页。

律行为的效力与是否达成条件、生效或失效期限等息息相关，其中，与合同生效相关的附款分别称为生效条件和生效期限。

一般情况下，地震保险合同具备成立条件，又满足了有效条件的要求，即可产生效力，同时具备成立与生效条件的地震保险合同在同一时间成立和生效。作为合同的一种，地震保险合同同样具有双方法律行为的性质，合同当事人可以设定附款对保险合同生效与否予以限制，包括附生效条件和附生效期限，附条件与附期限的法律行为都是以将来的情形作为合同是否生效的因素。[1]

合同成立的时间并不等同于保险公司承担责任的起始时间，而要遵守具体在合同细则中的规定，各国保险法一般都有相关条文规范。[2] 地震保险合同成立即代表产生合同约束力，对当事人双方有履行义务要求，但保险责任应当按照合同中规定的履行责任时间计算。只有到了约定由保险人承担责任的时间，投保人或被保险人在保险事故发生时才能请求保险人承担责任，保险人对此后发生的地震灾害才负有赔付责任。例如，某一地区传言将发生地震灾害，此时居民投保地震保险，而保险公司为了降低投保人的道德风险，提出保险责任应当在合同生效后的一段时间内开始，地震保险法律应予以支持。也就是说，地震保险的保险责任开始的时间并不一定与保险合同生效的时间完全一致。

4.3.3 探析合同效力因素——保险利益原则

早在18世纪，英国海上保险实务中就出现了保险利益的概念。当

---

〔1〕 附条件的法律行为，指当事人以将来客观上不确定事实的发生或不发生作为附款，以决定法律行为效力发生或终止的法律行为。附期限的法律行为，是以将来确定的期限的届至为附款，作为决定法律行为效力发生或消灭的依据。

〔2〕 我国《保险法》14条规定："保险合同成立后，投保人按照约定交付保险费，保险人按照约定的时间开始承担保险责任。"

时,海商法律没有明确要求投保人在投保货运船舶或所运输的货物时提供所有权证明,或其他能够证明其与所投保物品具有紧密联系的法律文件。法律并不要求投保人必须对船舶享有利益,实际上给予很多"赌徒"以赌博的机会,他们可任意投保将要出航的船舶,若遇海险则可以得到丰厚的保险赔偿,若没有遇到海险则只丧失了很少的投保费用,实际上是以保险之名行博彩之实。[1]

所谓保险利益,就是指保险标的与投保人或被保险人之间具有的一种利益关系,这种关系为法律所认可,又称作"可保利益"。有些学者的观点认为可保利益与保险利益之间并无本质区别,保险利益即为可保利益。[2] 但也有学者持不同观点,潘履孚老师认为具有可保利益为保险合同成立的要件之一,在合同成立后可保利益可全部或部分转化为保险利益,当发生保险事故时,保险利益的有无和大小是保险人保险赔偿金额的依据。[3] 也就是说,保险利益是在保险合同签订生效之后才产生的,而合同订立阶段投保人对保险标的的利益为可保利益,与之后的保险利益不同。我国《保险法》没有对可保利益的规定,虽然第 12 条、第 31 条、第 48 条都提到了保险利益,但并没有与可保利益进行比较区分。

(一)保险利益的内涵

作为保险合同的基本原则,保险利益关系到保险合同是否成立及效力问题,对于不同的保险合同而言,投保人都应具有保险利益。[4] 台湾学者袁宗蔚认为当投保人具有保险利益时才能进行投保,此时成

[1] Maclean:The Human Side of Insurance 36 (c. 1929).
[2] 参见李玉泉:《保险法》,法律出版社 1997 年版,第 69 页。
[3] 参见潘履孚:《保险学概论》,中国经济出版社 1995 年版,第 196 页。
[4] 参见汪巧稚:《保险利益的认定》,载《贵州大学学报》(社会科学版)2003 年第 3 期。

立的保险合同才具有合同效力。[1]

投保地震保险也应具有保险利益。居民往往以自己的住房或家庭财产为保险标的签订地震保险合同,这种对家庭财产享有的所有利益和对住宅所享有的占有或所有利益即为保险利益,表现为所有人积极地享有住房和家庭财产。[2]

日本法学界和保险学界对地震保险合同中保险利益的研究分为两种学说,费用利益说和物利益说。所谓费用利益说,是指在地震灾害发生后,将需要对受损建筑进行修复、对部分地区进行重建、对受灾居民进行临时安置等费用开支视为地震保险合同的保险利益。[3] 这一学说的特点在于将地震保险涉及到的消极财产利益视为保险合同的保险利益。[4] 所谓物利益说,是指将地震保险合同中关系到的物的利益作为保险合同的保险利益,包括居民的住房和家庭财产。[5] 这种学说以传统保险法规范为依据,投保人所享有的保险利益是一种积极的财产利益,包括住房等财产形式。两种学说存在的差异主要体现为对部分损害能否承保、保险金给付额上限标准制定等制度上。

笔者认为,我国在地震保险合同中对保险利益的界定,应采用物利益学说。原因在于:第一,地震灾害造成的损失巨大,保险公司、再保险公司,甚至包括政府赔偿都很难完全弥补损失。各国对地震灾害赔偿

---

〔1〕“所谓保险利益,是指投保人或被保险人对保险标的,因各种利害关系而具有的经济利益。此种经济利益,投保人或被保险人因保险标的有关危险事故发生而受损,因危险事故不发生而继续享有。如果危险事故发生,而投保人或被保险人并无损失的,即其对保险标的没有保险利益的存在。如果投保人或被保险人对保险标的自始没有保险利益,则保险契约无效;如果原来有保险利益,随后消失的,保险契约将因此而失效。”袁宗蔚:《保险学——危险与保险》,首都经济贸易大学出版社2000年版,第235页。

〔2〕[日]竹濱修:《震災と地震保険契約》,《民商法雑誌》1995年巻112、45号,頁736。

〔3〕[日]加藤由作:《被保険利益の構造》,厳松堂1939年,頁235。

〔4〕袁宗蔚:《保险学——危险与保险》,首都经济贸易大学出版社2000年版,第238页。

〔5〕[日]加藤由作:《改訂海上被保険利益論》,新紀元社1991年版,頁50。

都有最高限额的规定,承保者承担的这种责任实则为有限的责任。但地震保险未来的发展方向应该倾向于完全赔偿,即完全填补地震灾害造成的损失,因此物利益说比费用利益说更有利于保障财产安全和防御地震风险。第二,在一般保险中,当保险事故造成的损害占总价值的比例很小时,保险公司往往不会承担这一损失。类似的在地震保险中,当灾害造成的损失很小时,保险公司也不会承担赔偿责任。[1] 这种部分损害不赔偿的做法与物利益说存在矛盾,但我们可以通过制定法律,对现有条文进行修改,从而保证对部分损害也进行承保,将地震保险合同的保险利益归类为积极财产的利益。

(二)与相关概念的关系

保险利益的概念与保险标的、保险合同利益等极易混淆,有必要加以明辨。

1. 保险利益与保险标的

地震保险的保险利益与保险标的之关系,可从两个方面加以认识。首先,本质不同。保险利益是权益的体现,即投保人或被保险人对所投保物品享有的可用金钱衡量的一种利益,而保险标的则是指保险人要承保的对象,包括各种有形物,如财物、人,也包括一些责任、权利等。[2] 其次,保险利益与保险标的之间又相互联系。保险利益并不是在合同中明确规定的,而是通过投保人与保险标的之间权利关系体现出来。保险标的的存在标志着保险利益的存在,是保险利益的载体。但保险标的的产生又来源于投保人对标的物的保险利益,再依据这种

---

〔1〕 日本《地震保险法》规定,当住宅损害低于3%,家庭财产损害低于10%时,保险公司不承担损害赔偿责任。

〔2〕 "保险标的,乃指保险之对象,不仅包括有形之人与物,且无形之责任与权利亦属之。保险利益,则为订立保险契约之对象,即对于特定之人或特定之物所具有之利益关系。故保险标的与保险利益,性质异殊。"袁宗蔚:《保险学——危险与保险》,首都经济贸易大学出版社2000年版,第237页。

利益将该标的放到保险合同中加以规定,并产生权利义务关系。可见,保险利益与保险标的是一组紧密联系又各自有别的概念,两者的区别决定了不同的特点和意义,两者的联系为具体的规定、研究提供了理论渊源,而不会产生错误的认识。

2. 保险利益与保险合同利益

从字面上看,保险利益与保险合同利益只有“合同”二字之差,但两者在内容、性质、意义等方面都有所不同。

(1)性质不同

保险合同成立与否的关键因素在于投保人或被保险人对保险标的有无保险利益,具有保险利益的保险合同才能够生效。不同类型保险合同对保险利益的规定不同,但都要求投保人对保险标的具有保险利益,只是时间点有所差异。若投保人在任何时候都不具有对保险标的的保险利益,则该合同无效。保险合同利益则是指保险合同成立并生效后,投保人与保险公司所享有的权利与对应的义务关系,如保险公司可取得保险费的利益,被保险人在地震灾害发生后可请求保险公司赔偿损失的利益等。

(2)内容不同

保险利益体现为投保人对保险标的所享有的某些权利,在不同保险标的上表现出的内容也不尽相同。例如,在财产保险合同中表现为对财产所享有的占有、使用、支配等利益;而对人身保险合同而言,其保险利益的内容可能是一种家庭关系,也可能是一种雇佣关系。[1] 保险合同利益之内容,因主体不同而不同。保险公司的合同利益为可向投保人收取保险费,在投保人未按照规定投保时可撤销保险合同等权利;

〔1〕 参见余莜兰:《保险法修改背景下财产保险的保险利益研究》,载《新闻传播》2012 年第 10 期。

投保人或被保险人的合同利益为在发生保险事故时可向保险公司请求承担赔偿责任,在保险公司前期违约时可基于合同向保险公司主张违约金等权利。[1]

(3)意义不同

保险利益是一种法律认可的利益,是投保人对保险标的所享有的所有、占有、使用等权益,并基于这种利益签订了保险合同,而保险合同的利益仅仅指合同生效之后所能够带给双方当事人的权益。保险利益的主体仅为合同一方当事人即投保人或被保险人,而保险合同利益的主体则包括双方当事人即投保人或被保险人与保险人,亦可为保险合同的关系人即被保险人与受益人。

(三)保险利益的特征

保险利益的存在与否直接关系到保险合同的效力问题,其特征主要包括以下几个方面:

1. 合法性

保险利益首先应当具有合法性特征。合法的保险利益并不必须由法律规定直接产生,合同当事人经过协商达成一致的意思表示也可以产生具有合法性的保险利益。当然,当事人之间的这种约定不能违背法律的强制性规定和禁止性规定,同时不能侵害到他人合法利益和公共利益。合法性特征是保险利益的基本特征,有些利益的产生和取得并没有遵循法律的规定,这虽使投保人或被保险人具有与保险标的的利益关系,但不为保险利益的范畴。签订保险合同时,投保人不得以非法利益进行投保,例如,盗窃者以其赃物投保地震保险中的家庭财产险,或者走私犯以其走私的物品投保,这都不利于法律秩序的维护。[2]

---

〔1〕 参见潘秀菊:《保险法入门》,元照出版公司 2000 年版,第 70~71 页。
〔2〕 参见王利明:《合同法分则研究》(下卷),中国人民大学出版社 2013 年版,第 384 页。

2. 确定性

投保人对保险标的所具有的利益或利害关系，必须为现实的利益或能够确定的利益——此时才可以称为保险利益——具体又可细分为已经确定的利益和尚未确定的利益。已经确定的利益具有确定了的利益形式，所代表的关系也同时明确；尚未确定的利益并不代表未知利益，只是具体何时确定还不知道，是一种期待利益。也有学者提出相反的观点，认为保险利益决定合同的生效与否，其代表的利害关系应该是真实明确的，期待利益并不能成为保险利益。[1] 但是，在投保人证明期待利益的存在达到一定标准之时，地震保险法应允许将期待利益纳入保险利益之中，这既有助于充分发挥保险制度的功能，也可以避免产生道德风险等不利后果。[2]

3. 保障性

地震保险的保险利益，应当具有保障性，地震保险的最终目的是为了弥补地震灾害给居民造成的严重损失和确保受灾地区的经济重建工作。投保人对保险标的所具有的保险利益应同时体现社会利益要求，而不是单单为了维护被保险人的利益。

此外，可计算性也应属于保险利益的特征之一。所谓可计算性，是指投保人对于投保的住房、家庭财产等具有的利益都可以计算出其现金价值，便于理赔。[3]

(四)保险利益的规范意义

未来制定《地震保险法》等有关地震保险的法律制度时，应明确对投保人保险利益的要求，有利于减少道德危机、不当得利等情形的

---

〔1〕 参见刘宗荣:《保险法》,三民书局 1995 年版,第 75~76 页。

〔2〕 参见王利明:《合同法分则研究》(下卷),中国人民大学出版社 2013 年版,第 385 页。

〔3〕 参见樊启荣:《保险法》,北京大学出版社 2011 年版,第 52 页。

发生：[1]

1. 防范道德危机

我国《保险法》对保险利益已做明确的要求，《地震保险法》应结合地震保险的特殊性做更为细致的规定或对《保险法》的条文进行引用，以保证能在法律层面上对地震保险的保险利益进行规范，避免道德危机的发生，同时起到保障保险标的的价值和其他财产的安全。保险利益主要指投保人对保险标的所享有的合法利益，因此道德危机往往是投保人一方可能存在的问题。例如被保险人为了获取更多的保险金赔偿或为了诈取保险赔款而故意造成保险标的的损失或将损失扩大，违背了法律精神与合同要求。从法律层面上对保险利益进行规制，有利于避免投保人或其他义务人故意不对被保险财产进行维护或修复的道德危险。

2. 避免不当得利

保险的目的是为可能发生的灾害提供保障，分散各种社会风险和自然风险，而类似于英国早期的不要求保险利益的海上保险，实质上是一种赌博行为，以少量的投保费用博得大量的保险赔偿，不仅没有为灾害赔偿融集充实的资金，也不利于保险公司的发展。因此，在地震保险中，法律应当禁止无保险利益的保险行为，防止向赌博行为转变，使地震保险向健康的方向发展。

3. 限制损失填补

保险利益的存在有利于抑制保险投机行为和道德危险，发挥地震保险的社会保障功能。灾害发生后并不是所有灾区的居民都可请求保险公司承担保险责任，只有保险利益实际受到损害的居民才可要求赔偿。换句话说，保险金请求权以保险利益受损为前提，保险金额以保险

[1] 参见陈云中：《保险法》，五南图书出版公司 1985 年版，第 162 页。

利益受损失大小而定,不能超过保险利益的受损失程度。

地震保险合同是一种保障性合同。当事人双方签订保险合同的目的,既不是为了保证保险标的绝对不会发生危险(事实上在面对地震灾害时也不可能不发生危险),也不是保证保险标的最终发生危险事故,其意义旨在于通过分散危险以消化损失,当保险标的所在地区发生地震灾害时,由保险人对利益的损失予以填补,保障投保主体的基本生活标准和生产条件。

小结

本章归纳总结了地震保险法律制度专门立法应注意的几个方面,包括投保费率、偿付能力和地震保险合同。

在地震保险中,投保费率该如何制定是地震保险法应当解决的关键问题。将地震保险的费率纳入到法律规定中,有利于保险公司对每一个投保人的收费明确合理,防止欺骗误导的现象发生。[1] 同时,一旦将地震保险费率上升到法律层面,势必要经过长期缜密的研究,该费率既囊括了保险公司的日常成本、一个周期内发生地震的资金填充和保险公司适当的利润空间,有利于提高保险公司的参与积极性,也可以确保费率在一个合理的数额范围内。偿付能力也应该是地震保险法应当解决的重要问题之一。

地震灾害作为保险标的时为一种特殊的保险产品,其是否发生、何时发生等都具有极大的不确定性,且目前的科学技术也无法准确的预测发生时间。因此,保险公司与投保人或被保险人之间权利的行使和义务的履行缺乏统一性。在一般买卖合同等市场行为中,买方支付货

---

〔1〕 参见夏庆锋:《保险合同效力因素之保险利益原则》,载《安徽大学学报》(哲学社会科学版)2014 年第 4 期。

款或一定比例的定金后一般都可获得等值的服务、商品，或享有一种可期待利益，但在地震保险中却不尽然。保险公司先得到投保人缴纳的保险费，而没有实际向投保人提供任何服务，只有当地震灾害发生后才会提供保险金。投保人的权利义务则与保险公司相反，只有交纳保险费的投保人才享有在地震灾害发生时请求保险公司支付赔偿金的权利。这种权利义务不一致性容易滋生一个问题，即保险公司在收取保险费后由于经营不善等问题而宣告破产或注销法人时，而此时的保险合同尚在有效期内，也就是说如果在合同期内发生地震灾害，则投保人由于保险公司的"消失"而丧失请求赔偿的权利（或增加实现权利的难度），无法将住房、家庭财产等遭受地震灾害的风险进行分担。合同是现实生活中最为基本的确定双方权利义务关系的形式，地震保险合同则是体现投保人与保险人权利义务的最直接依据，也体现了《地震保险法》的立法目的和宗旨，因此在法律上应有所强调。

起草及出台《地震保险法》是我国地震保险法律制度的建立和完善的基础。《地震保险法》是其他有关于地震保险法律、法规、国家政策、行业规范等制度建立的提供依据，为地震保险的开展提供法律保障，使其有法可依。

从发达国家和有关地区的先进实践来看，由于地震保险制度具有很强的公共性和保障性特征，无论是经营的资源，还是经营的模式，均涉及公共利益，需要通过立法、依法进行经营和管理。例如，日本很早就颁布了《地震保险法》，并根据每次灾害发生后所呈现出来的不足进行修改和完善。我国台湾地区也制定了"住宅地震保险共保及危险承担机制实施办法"等相关制度，对地震保险的保险理赔、投保费率等方面均作了具体规定。美国的洪水保险制度是在《联邦洪水保险法》《全国洪水保险法》《洪水灾害防御法》等法律的规范和推动下建立起来的。因此，制定地震保险法是一个被实践所检验且在应对地震灾害方面可以发挥巨大作用的措施和方法。

当然,地震保险专门法的具体内容并不仅仅是上文所提到的几个方面,范围更为广泛。我们可以借鉴日本、新西兰等国的地震保险法律,参考国内保险法等法律的条文内容,结合我国的国情因素及法治因素。总之,地震保险立法要有一定的前瞻性,必须符合改革发展的方向和目标,应该适当借鉴地震保险先行国家成功的立法经验。

第5章　地震保险法律制度之损害分摊

地震灾害发生频率高且具有不可预测性,造成损失巨大,即使制订了周详的防灾计划和损失赔偿计划,也不能完全分担其实际发生的损失。因此,在地震保险法律制度中对损害分摊加以规定是极为重要的。[1]

5.1　再保险制度为各国地震损害分摊的最主要方式

我国《保险法》对再保险制度进行了明确的规定。[2] 再保险实际上为保险的一种,是将保险公司所承担的风险进行分保的行为,是“保险的保险”。有些保险项目的风险较大,一旦发生将产生巨额的保险

〔1〕 See Paul, Friedsam, Solutions for the Poorly Insured or Uninsured World, 2003.

〔2〕 我国《保险法》第28条规定:“保险人将其承担的保险业务,以分保形式部分转移给其他保险人的,为再保险。”

金赔偿,因此保险公司为了减小损失,通过签订相关保险合同(再保险),将部分责任和风险分担出去。让我们来想象一个坏掉的自来水龙头,当水从拧不紧的龙头中渗出时,我们可以考虑用一个桶来接水,当桶不够用时,水从桶里溢出来时,我们可以在桶下放一个大木盆。现在的问题变得很简单,只要把水替换成泄露的风险,把保险公司看作一个装风险的容器——水桶、水盆或者更大的木盆。在保险之外还要进行再保险,就像在小水桶外放一个备用的大木盆。一旦水桶满了,水就会流入大木盆里,小水桶是原保险,大木盆就是再保险。〔1〕

再保险是一种非常有效的分散风险方式,使原保险人承担了大于其承保能力的风险。当保险人与再保险人分配保险自留额,确定佣金和承保比例后,即可通过签订再保险合同将相关权利义务确定下来。地震灾害具有区域性的特点,与大数法则不符,一旦发生使投保人或被保险人得不到足够的风险分散和平衡保障。再保险的风险分散能够有效的确保地震保险的保障功能,运用再保险可以跳出地震保险区域性的限制,在全国、全世界范围内分散某一地区发生的地震灾害,提升了保险人的承保能力,分散其承保风险,防止地震灾害给保险公司的正常运营带来过大的波动及保险公司可能出现的偿付危机。

世界各国的巨灾保险计划,普遍会借助国内和国际两个再保险市场寻找可能分担灾害风险的机会。〔2〕 再保险是"保险的保险",可以分散风险,为较大风险的保险标的提供承保,增加赔偿的融资渠道,有利于增强保障功能和确保损害赔付。再保险在国际上发展速度很快,甚至超过了保险的同期发展规模。在国际市场上,主要的再保险业务都由发达国家的再保险公司经营,而对于需求量较大的发展中国家而

〔1〕 参见李文娟:《与巨灾风险博弈》,武汉大学出版社 2009 年版,第 103 页。
〔2〕 国际著名的再保险公司有瑞士再保险公司和慕尼黑再保险公司等。

言,再保险并没有形成一定规模的市场,虽有需求但无法发挥再保险对地震保险的分摊和保障作用。因此,很多成立于发达国家的再保险公司都致力于开拓潜力巨大的发展中国家市场。

再保险市场与地震风险紧密相连。20 世纪 80 年代到 90 年代,几次巨型灾害的发生给再保险公司的生存和发展带来巨大的挑战,国际再保险市场格局也随之出现较大调整,发生了多起著名的再保险公司兼并与重组案例,逐渐出现了几家在再保险市场具有较大影响力的公司,形成了几家再保险公司竞争全球市场的格局。[1]

由于地震灾害具有波及范围广、损失巨大的特性,一方面考虑全球再保险市场的吸收能力,另一方面为了促进国内再保险市场的发展和保证国家安全,一些国家也会把地震再保险业务留在国内,由政府主导地震再保险市场并起到风险的最后承担人作用。利用再保险制度分摊地震损失比较成功的国家主要有法国、日本和新西兰,不足的是法国制定的是自然灾害再保险,混淆了不同自然灾害对再保险方面的不同需求,而日本和新西兰比较单一,只是针对地震再保险。

5.1.1　统一自然巨灾再保险制度囊括地震等各项灾害

法国政府早在 20 世纪 70 年代就开始考虑实施自然灾害保险补偿计划,1982 年 7 月 13 日出台了《自然灾害保险补偿制度》。根据这一制度,法国政府创立了国家巨灾保险体系,进一步创立了巨灾再保险机制。[2] 该巨灾保险体系建立之后,随着时代的发展和理论与实践结合

---

〔1〕 例如,慕尼黑再保险公司收购了美国再保险公司,美国通用再保险公司收购了德国科隆再保险公司,以及 2006 年 6 月瑞士再保险公司收购安裕再保险公司。大规模的并购导致全球再保险市场集中度较高,70%的寿险再保险和非寿险再保险市场分别由全球前十大再保险公司占据。

〔2〕 法国政府授权中央再保险公司(Caisse Centrale de Reassurance,CCR)提供由政府担保的再保合约,并成立专门的自然灾害保险部门应对地震等自然灾害并管理相关再保险事项,依附于中央再保险公司。

产生的问题,做出不断调整和完善。[1] 到了2000年1月1日以后,《自然灾害保险补偿制度》增加规定法国中央再保险公司对所有的自然灾害再保险都实行50%的固定成数分入合约,并制定再保险方案。[2]

法国中央再保险公司(Central Company of Reinsurance,CCR)是一家国有再保险公司,它创建于1946年,迄今已有近70年的历史。[3] 自1982年以来,CCR开始代表政府提供全面性无限制的再保险,对于法国所有承接自然灾害保险的保险公司而言,CCR是和国家信用同样有力的保障,是自然灾害保险计划最大的支柱。在1982年法案通过的同时,法国政府还在核保准备金之外另提列一项特别免税的准备金"平衡准备金",按年度盈余的75%提列,便于CCR累积起足够的准备金应对大灾风险。

CCR在政府的保证下为保险公司提供再保险服务,包括比例再保险和停损再保险(此时的停损再保险为在比例再保险的基础之上加上CCR的自留部分)。

1. 比例性再保险

再保险可按照不同的标准进行分类,以责任分配方式为标准可分为比例再保险和非比例再保险。[4] 比例再保险(Proportional Reinsur-

---

〔1〕 例如,1983年9月7日和19日分别将保险费率和免赔额上调;1990年6月25日颁发法律强制性规定必须投保暴风险;1992年7月修正法案指出因飓风、冰雹及积雪对屋顶的损害均纳入自然灾害保险补偿制度;1999年9月再次颁布了法令将自然灾害保险保费的费率进一步提高到12%。

〔2〕 该方案为:(1)依个别保险公司的损失经验计算非比例性再保险的费率;(2)针对业务量较小的保险公司,停止损失再保险,改为超额赔款再保险;(3)所有巨灾保险业务一律以50%比例再保险分进;(4)没有再保佣金。

〔3〕 CCR的主要任务包括设计自然灾害再保险法案,执行自然灾害业务核保、费率厘定及再保险合约管理;针对重大自然灾害事故进行相关研究,执行中央政府有关自然灾害业务的相关行政工作,联系政府和保险业界等。

〔4〕 前者以保险金额为责任分配计算的基础,规定再保险双方承担责任的比例,后者以损失为基础来确定再保险当事人双方的责任。

ance)又可分为成数再保险、溢额再保险以及成数和溢额混合再保险,具有合同双方利益一致、简便易于操作的特点。非比例再保险主要有超额赔款再保险和超过赔付率再保险,又被称为超额损失再保险(excess of loss reinsurance),于 19 世纪末在英国首创,至第一次世界大战后开始得到长足的发展,是在巨灾保险中得到广泛运用的一种再保险形式。由于它在原保险人赔款超过一定额度或标准时才对超过部分责任负责,又称第二危险再保险,以表示责任的先后。

比例再保险是让 CCR 和保险公司同风险共命运的再保险形式,具体操作方式为:保险人分出一定比例的保险金额给 CCR(当然也要随之分出一定的保险费),当损失发生时,CCR 也承担相应比例的赔款。

2. 停止损失再保险

停止损失再保险并不是按照比例来分配双方的责任,为非比例再保险。该种再保险是由法国政府提供保证,CCR 提供无限额的巨灾保障。

5.1.2　地震再保险公司为核心机构

20 世纪 60 年代,日本开始起草地震保险法律制度,于 1966 年 6 月 1 日颁布了《地震保险法》。[1] 作为地震灾害常发的国家,日本在最初的地震保险法律中规定地震保险为强制性保险,自动附加在住宅保险或火灾保险上,投保居民没有选择或拒绝购买地震保险的权利。住宅地震保险的保险标的包括生活用住房及其内部财产(仅限于家庭使用),保险公司的承保范围包括因地震、海啸等自然灾害造成的住宅或家庭财产的损害,直接损害或由于掩埋、流失而间接性地造成财产损

〔1〕 参见江朝峰:《中日地震保险制度之比较研究》,载《淡江学报》2005 年第 36 期。

失。〔1〕 1995年阪神大地震后，房屋保险金额上限提升到5000万日元，生活用物品保险金额上限也提升为1000万日元，一次地震损失的保险金总额最高为45,000亿日元。〔2〕 不同于新西兰住宅保险的主险和附加地震险一同出售的强制附加方式，在日本，如果投保人申请明确表示不愿意投保地震保险，可以不附加。〔3〕

日本很早就创立了再保险机制，标志性事件为日本地震再保险公司(JER)的成立。〔4〕 在日本地震再保险中JER发挥了重要作用，同时留住了国内所有的地震再保险业务。JER负责国内所有保险公司承保地震保险的再保险业务，充当保险公司的“保险公司”，分散地震风险，提供融资渠道。《地震保险法》规定JER必须为日本国内保险公司承保地震再保险，这一规定无疑增加了JER自身的风险。政府和地震再保险公司为分散风险提供了多种途径，防止JER因风险过大而丧失承保能力，甚至引起地震保险体系内的连锁反应。〔5〕

所以，日本地震保险制度中的再保险体系实际上是由政府、日本地

〔1〕 价值超过30万日元的贵重物品如珠宝、字画、古董、有价证券等不包含在内。

〔2〕 参见[日]滕五晓、加藤孝明、小出治编著：《日本灾害对策体制》，中国建筑工业出版社2003年版，第144~148页。

〔3〕 日本《地震保险法》规定下列情况不参保地震保险：(1)被保险人申请不附加地震保险。(2)被保险人参保的其他保险的承保范围已包括地震保险，且其保额超过限定额度。(3)短期主保险合同不得附加。对于长期保单的承保方式则有下列规定：(1)主保单为5年以下的长期保单，可与主保单的保期一致，或以1年为单位每年自动续保方式与主保单同时承保。(2)主保单为5年以上的长期保单，可以1年或5年为单位自动续保方式与主保单同时承保。(3)主保单为2年以上于中途追加的情况，地震保险期的开始日与主保单年度的开始日同时承保。参见江朝峰：《从日本经验来改善我国地震保险制度》，载《保险专刊》1996年第9期。

〔4〕 JER最初的创立到之后的经营都完全由国内机构组织负责，在日本地震保险制度和灾后救助体系中居于核心地位。参见张祖荣：《我国地震保险制度建设探讨》，载《现代财经》(天津财经大学学报)2010年第3期。

〔5〕 JER通过两种途径分散自身风险：第一，它与政府订立超额损失再保险。当地震保险超过JER能承受的风险范围时，由国会承认、在一定的责任限额内是损失由政府负担。第二，它与财产保险公司签订转再保险合同，在扣除了自留额和政府负担额度之后，剩余部分全额转再保险给各财产保险公司。

震再保险株式会社、财产保险公司共同组成,而不是由其中一家独立完成。在政府与保险业的相互协作、互为补充中共同分散地震风险,承担赔偿责任,为日本社会的自然风险提供保障。[1]

在再保险费的分配上,原保险公司所收保险费扣除25.9%的再保险手续费后给予JER。JER再从再保险费收入中支付政府超额损失再保险的再保险费、支付给各损害保险公司转再保险时的再保险费。JER可在财产保险公司的委托下代为管理其承保地震保险的保险费用,但在收取这部分费用时JER仅做形式处理,不进行实际结算。[2]

5.1.3 案例促使地震再保险制度的完善

在新西兰,发生地震之后,消费者、商业机构、政府都迫切希望地震损失的赔偿尽快得到解决。但是,新西兰国内的保险市场无法单独承担未来可能发生的地震的经济风险,地震再保险的出现与发展是必要的。

(一)再保险的形式

保险公司设置了不同形式的再保险合同来应对每个损失及特殊种类的损失。临时再保险(facultative reinsurance)以每个损失为基础,承保保险人面临单一的巨大损失。在该合同下,原保险人与再保险人按比例分摊损失(比例的幅度可以是很小的比例,也可能因保险人仅是作

---

〔1〕 在保险责任和风险分摊上,每一事故JER先负担750亿日元,再负担超过6386亿日元——10,774亿日元的50%,最后当损害超过27,873亿日元时,JER需负担超过27,874亿日元到45,000亿元部分的5%。其余部分则依各损害保险公司地震保险的危险准备金余额来决定负担比例。政府负担超过750亿日元至10,774亿日元部分的50%及超过10,774亿日元至45,000亿日元部分的95%。

〔2〕 此外,各财险公司于每会计年度结束时将其自留保费扣除自留业务费用后的金额提存为地震保险赔款准备金。这部分准备金也全部委由JER管理,资金运用的收益也存入准备金。根据《地震再保险特别会计法》的相关规定,除支付地震保险金之外,赔款准备金不准挪用。

为再保险人的当地代理而为100%)。合约再保险(treaty reinsurance)则用来承保原保险人的某一类保险业务下的损失。在新西兰地震中最重要的合约再保险合同是溢额(excess of loss)再保险合同。此种再保险合同承保因某一事件引起的累积损失,因此只有在再保险投保人面临的全部损失达到预定的金额,再保险人的责任才开始启动。此种再保险是不按比例的,因此再保险人对单个损失没有分担,而只有在当损失的金额达到预定的累积总额以后,才开始承担责任。保险人可以利用单个的临时再保险合同来保护低于累积总额以下部分损失的责任,或其他形式的比例合约再保险承保某些种类的保险合同而不是某些种类的损失。而溢额再保险合同常被用来应对因单个自然灾害而引起的许多单个保险合同下的不同种类的损失。

(二)溢额合约再保险合同下的累积

在溢额再保险合约下有两个连续的引发保险人责任的触发点。第一个触发点是自然灾害的发生,引起一系列的单个损失。第二个触发点是这些因自然灾害而发生的损失累积给再保险被保险人造成的损失达到再保险合同中约定的再保险人责任启动的金额。[1] 这里的关键是累积的计算方法,因为它将决定哪些损失可以被累加在一起从而判断再保险合同责任的触发点是否达到。累积的计算方法有两种:第一种方法是按“任何一个保险事件”所引起的全部损失,例如下面的条款中:“在本再保险合同,每一损失将被理解为每一损失和/或发生和/或自然灾害和/或灾难和/或一系列的损失和/或因一个保险事件而引起的多次发生和/或多个自然灾害和/或多个灾难和/或多个灾害。”

第二种累积的计算方法则允许因某一原因而引起所有损失累加在一起来决定是否到达再保险人责任的触发点。

---

〔1〕 溢额再保险合同中的再保险条款约定赔偿再保险被保险人的最后净损失。

很明显,累积方法的定义越宽松,就越容易将更多的损失累积在一起来决定是否由再保险人承保。上面的两种累积计算方法在英国最高法院 *Axa Reinsurance(UK) plc v. Field* 一案中,[1] Mustill 法官做过讨论。对于"事件":"按照日常的语言,一个事件是指某一时间,某一地点,某种方式发生的事情。"因此要构成事件,时间、地点、目的和原因必须全部同时存在。对于"引发原因":"原因一词……,则有较少的限定。它可以是某种持续的状态;也可以是某件事情的没有发生。同样,引发一词……被有意用来包括在累积损失过程中最大可能的链接因素"。换言之,"引发原因"比"事件"有着更宽的内涵。总体来讲,两者之间的区别在于"引发原因"可以是引起损失的某种持续的状态,而"事件"则是某种持续状态的个体体现。前者是"什么",而后者是"为什么"。在新西兰地震中,有多个累积计算的可能:新西兰易发地震的自然状况;每次地震及余震;每次地震所引起的单个损失。

从新西兰地震的案例中可以看出,新西兰易发地震的事实不能构成"事件",因为"事件"并不是一种状态。但是,易发地震可以是"引发原因"。对此,在 *Cox v. Bankside Members Agency Ltd.* 一案中可以找到此观点的支持。[2] 在该案件中,法院认为一个人做事易于疏忽大意是一个"引发原因",因此所有因疏忽大意而造成的损失都可以累积。后来,在 *Municipal Mutual Insurance v. Sea Insurance Ltd.* 一案中,[3] 英国上诉法院接受在某一港口的一系列的偷窃行为是一个"引发原因"。因此,我们可以说易于发生地震并不是一个"事件",不能以此将所有的损失累积。尽管如此,虽然还没有法院判决的先例,但认为溢额再保险中

---

〔1〕 [1996] 3 All ER 517.

〔2〕 [1995] 2 Lloyd's Rep 43.

〔3〕 [1998] Lloyd's Rep IR 421.

对“引发原因”造成的损失提供保险的条款将允许保险期间内发生的全部损失累积的论点同样值得尊重。

第二种累积的方法是以每次单独的地震为单位。如果易发地震不是“引发原因”,那么每次单独的地震则符合累积的定义。更为复杂的是,地震是订有此类条款的溢额再保险合同下的一个“事件”。有些保单会明确规定,但即使没有规定,认为地震引起的每个损失都是一个“事件”的观点也不能成立。因为,溢额的金额通常会被设得很高。通常,一个索赔不可能超过该金额。因此,如果溢额再保险的溢额起点被解释为针对单独的损失,再保险合同将变得没有任何作用。在有些案例中,法院可能因为合同的条款文字而不得不做出这样的解释,但如果可能,这样的解释无疑应避免从而给合同以符合商业目的的解释。关于“事件”的案例通常是介于两者之间,并常常引起一审法官和上诉法官意见分歧。在此,一些案例可能有所帮助。在已有的判例中,法院认为是“事件”的有:美国“9·11”事件当天发生的所有损失,[1]侵袭科威特并将其机场上的15架飞机劫持,[2]决定在工厂的墙壁上适用石棉砖。相反,不良的工艺,[3]技术不胜任,[4]协调在不同地方暴乱,[5]则不是“事件”。

关于地震是否属于溢额再保险合同下的事件这一问题,尚有很大的讨论空间。再保险人可能会指出地理上的一致性是一个严格的条件,有判例说明在同一个城市的不同地点发生的损失也可以被认为构

---

〔1〕 *P. &C. Insurance Ltd. v. Silversea Cruises Ltd.*, [2004] Lloyd's Rep IR 696.

〔2〕 *Kuwait Airways Corporation v. Kuwait Insurance Co. SAK*, [1996] 1 Lloyd's Rep 664.

〔3〕 *Seele Austria GmbH & Co. KG v. Tokio Marine Europe Insurance Ltd.*, [2008] EWCA Civ 441.

〔4〕 *Caudle v. Sharp*, [1995] LRLR 433; *American Centennial Insurance Co, v. INSCO Ltd.*, [1996] LRLR 407.

〔5〕 *Mann v. Lexington Insurance Co.*, [2001] Lloyd's Rep IR 179.

成不同的事件。但是,这样的解释将使巨灾溢额再保险合同完全没有意义。因为,该保险的目的是为巨灾事件造成的累积损失提供保险。为此目的,地震不可避免地应被视为是一个“事件”。

(三)多重事件

新西兰地震中往往会出现5个月的间隔时间里连续发生两次大地震的情况。假设这些地震发生在溢额再保险的同一年保险期间,这两次地震是否为一个“事件”?如果有两个事件,再保险的被保险人需要证明每个事件所造成损失的单独累积超过保险溢额的起点,换言之,再保险的被保险人将承担两个自保额而不是一个。因此,这是一个关键问题。

以上判例并没有解决连续事件的问题,但是通过这些判例很难得出两次地震是一个事件的结论,这无异于认为单纯的“易发地震的可能”是一个事件。有些情形下连续发生的多次地震之间存在内在的联系,特别是第二次地震是第一次地震直接后果的情况下,这个论点更难成立。如2011年2月22日的地震在地理学上被认为是2010年9月4日地震的余震。但是也有观点认为,众所周知的“小时”条款排除了将余震视为主要地震同一事件的观点。例如以下“小时”条款规定:“地震所造成的每个损失将构成一个单独的事件,除非,在本保险合同期间的72个小时内发生了多于一次的地震,则该地震应被视为一个单独的地震。”该条款确保在72小时内发生的多次地震将被视为一个事件。新西兰地震没有发生在72小时之内,因此如果有“小时”条款,再保险的被保险人也很难将地震及其后的余震累积为一个事件。如果溢额再保险合同没有“小时”条款,也是同样的结果。此类条款以不同的形式出现,并且时间也从72小时到168小时不等。在事实证据清楚的情况下,法官或仲裁庭将极大可能支持没有使用“小时”条款即表明时间上的累积没有被采用,每次地震将被视为一个事件。[1]

(四)溢额再保险合约下的损失证明

绝大多数的保险索赔都是以和解的方式解决,而不是通过诉讼。再保险人仅对再保险投保人已经由法院或仲裁庭认定并确定具体金额的符合再保险合同条款规定的索赔承担赔偿责任。在和解的情况下,再保险投保人需要遵循证据平衡的原则(balance of probabilities)来证明如果他被起诉,法院认定的金额将不会高于和解的金额。如果是临时合约再保险合同,常见的做法是在保险合同中订立"跟从和解方案处理"的条款(follow the settlements)。根据该条款,再保险人同意接受再保险投保人达成的任何和解,除非再保险人能够证明和解不是按照诚实信用原则(good faith)和正常商业做法(business like)达成的。纯粹的通融赔付将被排除。但是只要赔偿是以再保险投保人的法律责任为基础,即使后来发现再保险投保人其实并没有法律责任,和解也对再保险人有约束力。[2]

在溢额再保险合同下,上面的做法则不适用。再保险投保人需要证明累积的损失已经达到了合约规定的限额以导致再保险合同的赔偿责任开始启动。如果再保险投保人需要证明构成累积责任的成百上千个索赔都是具有法律责任的话,那将永远无法获得赔偿。溢额再保险合约并没有使用临时再保险合同中的"跟从和解方案处理"的条款,而是使用下面常见的"损失和解"条款(loss settlements):"再保险投保人和解的全部损失,包括妥协的和解,都将无条件地对再保险人有效,但

---

〔1〕 *Lloyds TSB General Insurance Holdings v. Lloyds Bank General Insurance Co. Ltd.*, [2003] Lloyd's Rep 623; *Beazley Underwriting Ltd. v. Travelers Companies Inc.*, [2011] EWHC 1520(Comm).

〔2〕 *Insurance Co. of Africa v. Scor(UK) Reinsurance*, [1985] 1 Lloyd's Rep 312; *Assicurazioni Generali SpA. v. CGU General Insurance plc.*, [2004] Lloyd's Rep IR 457.

前提是这样的和解是符合原保险合同的条件和再保险合同的条款。”尽管该条款的标题给人的印象是可以对再保险投保人做一些让步，但其实并非如此。仔细研究该条款的文字可以看出，除非根据法律损失属于原保险合同及再保险合同的承保范围，否则再保险人不承担责任。那么，如果再保险人主张再保险投保人的和解赔偿有一些并不是根据法律达成的，再保险投保人该如何做呢？在英国的 *Equitas Ltd. v. R&G Reinsurance Company*（*UK*）*Ltd.*〔1〕和 *IRB Brasil Reseguros SA v. CX Reinsurance Company Ltd.*〔2〕两个案例中，这种假设再保险投保人只有在被起诉之后才能安全赔付的情况被法院排除了。在这两个案例中，法院认为只要原保险人已经证明并根据平衡原则确定它的责任，法院将不关注所涉及的索赔的具体细节。但是，这两个案例涉及上千个索赔的全部和解（global settlements），而且涉及的问题都是事实性的。在 Equitas 案中，责任已经确定，问题是金额的多少。在 IRB 案中，有集团诉讼（class action），并且事实上很多的索赔人有非常合理的索赔。因此，全部和解总体上被认为至少反映了原保险人可能要承担的责任，虽然被包括在内的很多索赔可能是不成立的或被扩大的。

但是，这些案例并不适用于原保险人因对法律的错误理解，或对保单的错误解释，或将损失错误的划分保险年份而和解的索赔。如果有明显的法律错误而影响很多的索赔，则这些索赔不能被认为是构成溢额再保险承保范围的一部分。如果原保险人无理的拖延赔付，他们将面临因此产生的违约责任。但是，是否可以因此认为原保险人要求证明保单条款实际承保有争议的损失为无理要求呢？如果他们不是这样

---

〔1〕［2009］EWHC 2787（Comm）.

〔2〕［2010］EWHC 974（Comm）.

做,他们的再保险人将不赔偿他们。对此,还需要将来有案例作出定论。[1]

5.1.4 其他国家、地区再保险制度的列举

(一)土耳其

土耳其的巨灾保险基金(TCIP)通过购买再保险对巨灾风险进行分散,TCIP 的再保险是世界上最大的再保险计划之一。总体来说,TCIP 的再保险计划非常依赖瑞士再保险公司、慕尼黑再保险公司等国际领先的再保险公司。

2005 年时 TCIP 的再保险机构为:

1. 在 TCIP 成立的前 5 年,总体损失补偿限额设置为 10 亿美元;

2. 具有 A+以上评级的几家国际再保险公司承担其中 7.5 亿美元的损失;

3. 世界银行承担两部分责任:(1)首层损失:责任上限为 1700 万美元;(2)超额损失:与再保险公司按照 4:6 的比例分担责任(世界银行 40%,再保险公司 60%),责任上限为 1.63 亿美元;

4. TCIP 用盈余资金承担 1.2 亿美元的责任;

5. 如果最终的赔付超过了 TCIP 所能动用的所有金融资源,政府会承担最终责任。

TCIP 的再保险合同每年都有更新,针对不断变化的再保险市场和地震灾害类型作出及时的应变,根据最大可能损失确定再保险保障金额。其中,最大可能损失是指一个 150 年期间地震对被保险建筑所可能造成的最大损失。2008 年 11 月 1 日~2009 年 10 月 31 日的超赔再保险保障金额达到了 12.5 亿美元,分为 8 个层次。在这期间,TCIP 雇用

---

〔1〕 unich Re, Increasing Intensity and Costs of Natural Catastrophes - Is this a Long Term Trend?, *Topics Geo Annual Review: Natural Catastrophes*, 2005.

了4个再保险经纪公司和3家模型公司，分保人全部为国际A级的再保险公司。

(二)加勒比地区

加勒比地区的自然灾害发生频率较高，该地区国家的财政收入很大一部分都用于弥补灾害造成的损失，对各国的经济发展和地区稳定造成很大的负面影响。[1] 例如，在2004年，该地区一年内就发生了4次飓风灾害，共造成了高达40亿美元的损失。[2]

Ivan飓风给加勒比地区造成了巨大的灾害，同时也敲响了警钟，促使该地区国家向世界银行请求巨灾保险支持和协助建立巨灾保险体系。世界银行组织加勒比地区国家和主要捐款国代表进行了长达两年的谈判，于2007年6月成立了巨灾保险体系，同时创立了巨灾风险保险基金(Caribbean Catastrophe Risk Insurance Facility，CCRIF)。该体系和相关基金的建立缓解了政府的财政压力，在预算紧张时可通过基金支持降低投保费率，通过国际社会的保险机制及时为灾区提供赔偿资金，实现保障功能。[3]

CCRIF为地区性保险体系，对于地震灾害等对整个地区都会造成严重影响的灾害而言，其保障功能还是缺乏的。为了加强对地震等自然灾害的预防和保障，CCRIF将其保险项目分散出去，购买大量的再保险项目。[4] 此外，CCRIF还利用ART风险转移方法，与世界银行签订

---

〔1〕 加勒比地区每年自然灾害所造成的平均损失已经超过当地每年GDP的2%。1979~2005年，飓风给加勒比国家造成了总计为166亿美元的损失，年平均损失为6.13亿美元。

〔2〕 这四次大飓风分别为Charley、Frances、Ivan和Jeanne，其中飓风Ivan给格林纳达所造成的损失为8亿美元，是该国GDP的两倍。

〔3〕 Rustam Ibragimov，Dwight M. Jaffee，and Johan Walden，Non-Diversification Traps in Markets for Catastrophic Risk，Paper Presented at the National Bureau od Economic Research Insurance Group Meetings，Feb. 2006.

〔4〕 2007~2008年度的超额再保险的总额度是1.1亿美元，与CCRIF承保的巨灾保险总额度相匹配。其中，慕尼黑再保险占据这些传统再保险交易份额中的绝大多数，其他参与者还包括巴黎再保险和Hiscox以及伦敦的劳合社。

风险交换合同,在灾害发生后由世界银行承担其中3000万美元的损失赔偿,达到进一步分散风险的效果。

对于地震灾害造成的损失,我国目前并没有建立起多层损害分散机制。因此,法律有必要先重点对再保险进行规制,发展我国再保险市场,扩大国内再保险规模,培育再保险联合体,鼓励利用国家再保险市场在更大范围内分散地震风险。

5.2 利用资本市场为地震损害分摊的发展方向

利用资本市场将地震灾害造成的损害进行分摊,实际上就是巨灾证券化的过程。全球资本市场由大量配置在许多资产种类、地区、行业和债务人之间的可投资资金组成,通常包括股权、债务和混合资本(以直接和证券化形式出现),以及相关工具如衍生品。该市场代表了资本流动、风险管理解决方案和承保能力产生的重要通道。本节主要讨论证券化和与地震灾害相关资本市场的地震证券以及地震衍生品。

保险、再保险市场和资本市场呈现逐渐融合发展,两个领域的机构越来越多地参与彼此的业务。金融中介机构积极涉猎可保风险和地震保险市场业务,保险公司和再保险公司则例行地参与金融风险相关活动。这种融合给终端用户带来重要利益,包括效率提高和成本节约。实际上,任何对地震风险管理的全面观察都需要同时关注这两个领域,以及如何联合使用两者,以产生最优的解决方案。资本市场的地震债券和其他机构化产品,都是设计用来与地震保险和地震再保险共同发挥作用的,而不是取代后者。非传统解决方案的采用降低了承保能力萎缩(特别是紧随大型灾害之后出现的)所引起的价格波动,为那些努力积极管理其风险的机构创造更加稳定的局面。随着监管的放松和行业内的鼓励政策,允许更广的领域进行进一步的融合,该过程将得以继续发展。[1]

5.2.1　定义资本市场的证券化

所谓证券化，是指公司将自己的资产或负债，以一种可交易的形式转移给其他方的过程，包括本公司债务、固定资产、可支配现金等。自20 世纪 70 年代后期以来，当金融机构开始重新包装资产，将其装入信托计划，并发行多层证券来为由此产生风险组合融资时，证券化已经成为资本市场既定的特征。证券化始于按揭支持证券（Mortgage Backed Security，MBS）、抵押贷款担保证券（Collateralized Mortgage Obligation，CMO）、商业 MBS 和资产支持证券（Asset - Backed Security，ABS），然后，随着贷款担保债务（Collateralized Loan Obligation，CLO）和债券担保债务（Collateralized Bond Obligation，CBO）的产生，扩展到了信贷市场。CLO 和 CBO 共同组成了债务抵押证券（Collateralized Debt Obligation，CDO）。近年来，这种证券化结构已经扩张到多个领域，包括保险市场，促使保险业与金融之间的联系越来越多，更为紧密。虽然保险连结证券（Insurance-Linked Security，ILS）市场十分广阔，包括地震债券、天气债券、寿险债券化债券和剩余价值证券。[2]

在一般性的金融证券化之下，发行信托机构被构造为独立的、破产隔离的实体，负责收购资产、发行债务、管理现金流、监管应收账款和应付账款，以及安排互换对冲。为了使每一证券层获得理想的风险和收

---

〔1〕 Dwight M. Jaffee, T. Russel, Catastrophe Insurance, Capital Markets, and Uninsurable Risks, May 1996.

〔2〕 J. David Cummins, Doherty N., Can Insurers Pay for the "Big One" Measuring the Capacity of an Insurance Market to Respond to Catastrophic Losses, *Journal of Banking and Finance*, 98-11-B, 2002, p. 2.

益特征,该信托重新安排基础资产的现金流,按照优先级顺序支付投资者的本金和利息。因此,最高级别的(收益最低、风险最低)投资者最先得到支付,最低级别的(收益最高、风险最高)投资者最后获得支付。大多数情况中,证券的发行受到级别非常低的“类权益”证券层(也称剩余项)的支持,该证券层带有股权性质的收益与风险。在一些案例中,证券化的安排者通过信用证、超额抵押、财务担保或保险包装对特定的证券层进行信用增强,从而获得较高的评级(包括所谓的“超级 AAA”层,其违约风险极小)。最后,证券化意在按照特定的证券层将地震风险转移给投资者,使资产负债表和资本得以释放,以获取新的业务。

5.2.2 地震债券的研究:结构、创新与发展趋势

地震债券正在成为损失融资市场上愈加重要的部分,如果还不能说是占据主导地位,其对保险、再保险和公共部门的解决方案也可以称之为有效补充。美国汽车协会发行了第一支巨灾债券,并不断开拓此项业务,已进行超过 60 次的债券发行,所覆盖的风险达 80 亿美元。[1] 这些证券每年的发行量比较稳定,平均 5~10 次新券发行,风险转移量为 10 亿~15 亿美元,且循环周期的任何时点通常都有 30 亿~40 亿美元的未清偿证券,大约相当于巨灾再保险市场的 5%。虽然最初估计的 50 亿美元的年度发行量尚未实现,但这些证券已经在不断扩大的发行人(认为这些债券具有颇具吸引力的回报,而且与其他金融资产无相关性)队伍中得到了广泛的接受。[2]

---

〔1〕 第一支巨灾债券由美国汽车协会住宅再保险公司发行,加利福尼亚地震局本来应是覆盖加利福尼亚地震风险的地震债券的最早发行人。最后,伯克希尔·哈撒韦公司的全国补充部门削减了其对 10 亿美元地震保险的价格,使加利福尼亚地震局暂时搁置了其债券发现计划。

〔2〕 虽然早期发行债券的非常高的收益率(如高于同等评级公司债券 200 个基点)已有所降低,但巨灾债券的回报仍非常具有吸引力,并通常不受其他市场事件的影响。

(一)标准结构

地震债券允许发行机构向投资者转移地震风险,从而使资本得到释放,并增加了风险承保能力。地震债券的格式应与其他证券形式相同,符合资本市场证券标准的基本要求。投保人将投保费用交给保险公司,保险公司将进行分保的佣金转移给再保险公司。此时保险公司和再保险公司作为发行人将这部分资产做成证券,向投资者进行发售,再把获得的收入交给受托人(投资人),由受托人进行投资,并签署地震灾害责任承担合同。[1] 如果指定的地震灾害发生,受托人则会暂时或永久地扣留利息和本金的支付。[2] 虽然发行公司将面临来自其基础地震风险的损失,但不再需要向投资者进行支付,从而可以有效地利用资本市场投资者群体来对冲其风险。

地震债券可被视为一种内嵌或有期权的标准债券,发行人有权在指定事件(可能具有赔偿、参数的或指数特征,如下述)触发后推迟或永久扣留本金和利息。[3] 债券一般具有不到两年的较短的索赔期,意味着所有的索赔都必须在有效期内提交和评估,过期则不予受理。这种相对快的索赔和处理时限与再保险合同相反,后者常常对处理迟交的索赔不设期限。

地震风险的证券化可使许多机构受益,包括发行公司、投资者和中介机构。发行公司(常常是保险公司或再保险公司)可以通过非传统的损失融资机制管理风险,在坚挺的保险和再保险市场周期中,保险价格

---

〔1〕 通过再投资和发行公司的保费支付而产生的收益构成向投资者定期支付的红利,信托账户所持有的已进行投资的资金则被用来偿付到期的本金。

〔2〕 在某些案例中,投资者只能收到由被保险事件引起的所有赔付和又负债支付完毕后的余额。

〔3〕 大多数债券是通过私募形式发行的,这种形式将潜在的购买人限制在资深机构投资者之间,包括共同基金和养老基金,金融中介机构和各种公司;个人投资者的参与局限于通过少量的地震债券基金进行间接投资。

十分昂贵,这种机制可能是一个颇具吸引力的选择。发行人也可以降低其对单个保险公司或再保险公司信用风险的研究成本,因为地震风险被重新包装为票据,并通过 SPE(保险公司)或 SPR(再保险公司)出售给投资者,发行人不必再担忧保险公司或再保险公司的信用表现。[1]

另外,由于这种市场是定制的,发行人可以设计它想要的票据结构:吸引更多的基础风险但消除道德风险,承担道德风险的增量成本但降低基础风险,发行 1 年期或多年期的保障以及对单一风险或多重风险的保障等。投资者可以因购买与其投资组合中其他金融风险资产关联度很小或不相关的证券而获益。这对于渴望发现机会来获取额外收益的同时却不需要承担更多风险的投资经理而言,很有吸引力。

此外,假设触发事件未发生,投资者可以得到很好的回报。过去几年的大多数发行与同等评级的公司债券相比,收益率高 50~100 个基点,这源于两点:一是交易的"新颖"特征(以及由此造成的在分析风险方面的困难);二是债券一般流动性较差。虽然地震债券的收益率已经有所降低,但由于投资者对其潜在的风险更加了解,它们仍有吸引力。中介机构因获得新的业务来源而受益,它们通过结构化证券赚取费用以及销售债券获得佣金。

当然,地震风险证券化也有一定的成本和劣势,包括与设立发行载体或方案相关的费用和"浮起"证券相关的费用(交易的规模通常必须至少 1 亿美元时经济上才合算),必须进行证券评估和定价的相关分析工作,市场的非流动性明显(如主要投资方式会是"买入并持有"),以及缺乏对冲工具(否则可能会有中介机构来做市和增加流动性)。

---

[1] Katharina Thywissen, Components of Risk, A comparative Glossary, Publication Series of UNU-EHS, No. 2/2006.

为进一步了解标准结构的各个方面，我们将讨论发行载体、触发因素、风险事故、评级和证券层以及定价的一些详细情况。

1. 发行载体

地震债券的公司发行人可以通过一个标准的 SPE 发行证券。相反，保险公司和再保险公司必须使用 SPR：纯粹的风险证券化不会帮助分出保险满足其法定资本盈余要求，因此必须将一些风险分保给 SPR。这样可使风险被再保险，然后证券化，从而释放必要的资本。以保险公司和再保险公司发行人为例，具有破产隔离性质的 SPR 负责与分出发行人签订再保险合同，并取得保费作为回报。因为所提供的保障是一种再保险合同，而非衍生品，SPR 必须设立为有营业执照的再保险公司。为使保险公司可以因分出风险而受益，必须进行风险转移，意味着分出发行人不能直接拥有 SPR。为满足这种“独立性”的要求，大多数 SPR 由慈善基金会发起设立。某些情况下，在分出发行人和 SPR 之间，将加入另一家再保险公司，则合同即成为一个转分保合同，而不再是再保险合同。这种结构使再保险公司可以承担赔偿风险，并以指数合同对冲风险，因此分出发行人不需承担基础风险。

2. 触发因素

地震债券可由赔偿触发、参数触发或指数触发等触发因素构成，参考一个事件或多个事件，每种情况有其自身的特点、优势和劣势。无论触发因素的类型如何，大多数债券都设有初始免赔额（如发行人保留的第一损失）和上限（如投资者向发行人提供的支付额或保障的最大限额）。

赔偿触发因素是基于发行人所面临的某一特定巨灾（或一系列巨灾）的实际风险暴露，投资者放弃本金和利息（在考虑初始自留额和最高事件损失上限之后），以承担由指定事件所造成的任何损失。作为这种“完美组合”的结果，发行人消除了任何基础风险发生的情况。无疑地，精确的保障合同易引发道德风险（发行人由于知道可通过证券化机制获得保障，可能对其承保标准或公司行为疏于管理）。虽然早期在市场上多数债券都是以赔偿触发为特征，但2000年以来，市场逐渐向参数触发或指数触发方式过渡，原因之一在于风险组合缺乏透明性，一些投资者认为很难对其进行分析。

参数触发因素是基于一个或多个与风险因素相关的物理参数，如位置和强度（例如，对于地震而言，可以是震中的位置和事件的强度；对于飓风，可能是登陆地点和最小中心压或平均持续风速）。参数结构主要集中于事件位置和强度，而不是结构的脆弱性（脆弱性仍需评估，但仅作为第二步骤）。[1] 由于发行人风险和参数特征之间并非完全匹配，则会存在基础风险。然而，道德风险得以降低，同时也不必分析发行人的特定风险组合。[2]

指数触发因素是在行业损失的基础上提出来的，实践中行业损失可根据某些财产数据库进行计算。[3] 这种数据库包括风险数量、按类型分类的价值、占用情况、保障范围和业务情况。

通常由一家调查公司负责进行地震灾后的调查，以获取损失指数编纂所需的估算。[4] 像参数触发因素的债券发行一样，基于指数的结

---

〔1〕 如果风险事件发生且满足参数触发因素所确定的条件，且由此产生损失，也会暂停本金和利息支付。

〔2〕 慕尼黑再保险在2000年所发起的“最佳资本”（prime capital）发行，可以作为多风险参数结构的一个很好的例子。此次交易发行了金额为3亿美元的3年期债券，风险标的是加利福尼亚地震、迈阿密飓风、纽约飓风和欧洲风暴。加利福尼亚地震风险被划分为8个地震带（其中4个在洛杉矶，4个在旧金山），并将本金暂停支付设定为美国地质勘探局所发布的矩震级的函数。类似地，关于飓风风险的本金暂停支付设定为美国国家飓风中心所定义的特定着陆带和中央气压的函数，而欧洲风暴的本金暂停支付则是基于位于欧洲大陆部分地区的制定气象站所测定的加权风速。

〔3〕 例如，使用基于地区的邮递区号的数据库，每一位置大约对应2000个家庭经营单位。

〔4〕 巨灾指数值的确定开始于一桩对整个保险行业产生损失的巨灾事件。单个保险公司损失的市场份额按照承保质量进行调整，得出“每家保险公司”的指数值。

构免除了发行人披露其业务性质的义务，这就降低了对专属信息的关注程度，并可保护投资者对抗道德风险，然而，这也带来了基础风险。虽然对发行人的实际业务情况与损失指数的相关关系进行的详尽分析可望最小化基础风险，但基础风险难以完全消除。另外，由于自地震开始至完成基于指数的调查，其间常常存在时滞，指数结构通常会在确定向投资者支出方面出现滞后。

如上所述，近年来巨灾债券市场已由赔偿交易占主体（例如，在 20 世纪 90 年代后期占 70%以上）向参数和指数交易占主体转变（例如，在 21 世纪初期占 70%以上，无论是按金额还是按发行数量）。这顺应了投资者的偏好。许多投资者偏好指数交易，因为它们可增加透明度，而且不需要对风险分出人的基础风险组合进行全面评估。另外，该种证券是基于所有投资者均可以评估的规则，因此它们的可交易性略好一些（换言之，对比类似评级的公司债券，这些证券流动性仍相当差）。

3. 风险事故

本书主要针对地震债券进行研究，但在实务中，除了地震外，多数债券的发行都集中在热带气旋、风暴等事件中。由于安德鲁飓风和北岭地震造成巨大的财务损失，以及证券结构化和定价所需的地震和飓风分析通常比较先进，美国飓风和地震是最早被证券化的风险事件。自此，债券的结构化开始涉及冰雹、风暴和恐怖主义相关事件。同时，地区覆盖扩展到日本、法国、德国和我国台湾地区。标准的巨灾债券通常仅涉及单一风险事故。然而，某些机构会在每一层都包含多个风险事件，或者在某一层中包含多个风险事件。

飓风债券于 1997 年进入市场，此后一直保持比较稳定的发行。多数的飓风风险保障覆盖美国东北部大西洋沿岸、波斯湾海岸加勒比海地区和夏威夷以及日本的与飓风类似的台风灾害。从中期看，覆盖地区将会扩展到亚洲其他地区，包括中国台湾和印度。地震债券作为重要的公司风险管理工具涌现出来，交易涉及加利福尼亚、新马德里地震带和日本的地震灾害。涉及其他地区，如墨西哥和土耳其等地震活跃带的债券，一旦与主权风险和数据有关的问题得到解决，有望在中期内出现。与风暴相关的债券发行在近年获得稳步增长，该类债券向发行人提供保障，以抵御温带气旋活动引起的强风和暴雨所造成的财产和意外损失。这种交易主要涉及欧洲标的（或是整个欧洲大陆，包括英国，或是单个国家如法国）。

与恐怖主义相关的债券正开始进入市场。有趣的是，此类债券并不是紧随“9·11”事件出现的，尽管当时有关恐怖主义活动的风险承保能力明显短缺。这主要源于几个基本原因，包括对发行与潜在的人类悲惨事件相连结的证券而带来的名誉担忧、恐怖行动和全球股票市场的紧密联系（剔除了一些使巨灾债券具有吸引力的优势，如分散投资）、定价的不确定性和建模挑战以及潜在的道德风险问题。首只与恐怖主义相关的债券直到2003年下半年才出现，当时国际足联发行了一种债券，用以保护其在2006年世界杯中的投资。[1] 然而，此债券涉及广泛，希望覆盖任何可能导致赛事取消的灾害，包括自然灾害或恐怖主义。中期而言，特别是随着建模过程的改进（确实，如果保险公司将恐怖主义保险包括进保单中，按照逻辑紧接下来的一步，应是证券化），更多的有关恐怖主义的债券可能出现。

4. 评级与分层

地震债券的发行常常设有两层或更多的分层，可使投资者选择他

---

〔1〕 国际足联最初并未打算发行这一开创性的债券（2.6亿美元，被称为“金色目标”），但当时安盛保险因“9·11”事件之后的市场状况而撤销了对2006年世界杯的保险，如果国际足联想留住其赞助商，所能剩下的选择十分有限。实际上，2002年日韩世界杯的风险保障也极难获得，因为当时正好在“9·11”恐怖事件刚刚发生之后；最后，对2002年世界杯的保险，只能从伯克希尔·哈撒韦公司以非常高的保费购得一份“最后一刻”保单。

们认为最适合的风险和回报水平。例如，对冲基金经常偏爱低评级、高风险层，而共同基金和银行、保险公司投资账户则倾向于评级较高的层。分层的设计可作综合性考虑，反映不同水平的利息和本金延迟支付或取消支付。某些层只会导致延迟支付，而不是永久取消支付本金。这些债券层一般会向投资者按期偿还一部分本金，而其余的部分则在一段时间后通过有资金支持的零息票头寸来归还。其他各层则会导致本金和利息的永久性损失，表明这些层是最有风险的。虽然每个无担保的证券层都处于风险之下（这些是无本金和利息保护的证券，除非由第三方专门提供保护），预期损失的规模可能会在中等水平到极端值之间变动。

有本金损失风险的证券通常只能得到低于投资级的评级。假设发行人违约的风险可以忽略不计（这里比较合理的假设，因为大多数发行人都是投资级的），投资者为承担纯巨灾风险而收取的风险溢价与BB级公司债券的相似（如每层损失概率为1%~2%）。[1] 虽然每一证券层都有明确的到期日，但在可保事件发生后，由于赔付可能进展缓慢，实际到期日可以延长。因此，事先确定到期日和实际到期日可能不同。

实务中，风险分出人喜欢较长的损失发展期，可以累积大量的赔付，从而降低本金及利息偿还额。投资者则倾向较短的期限，这样他们能够收到其本金、利息偿还额，并进行再投资。无论赔付期的具体长度如何，债券的损失发展期总是短于保险（如6个月到2年的期间与几年相比）。虽然许多债券是多年期和多层的，它们仍然受到限额的制约，而可能在最后到期日之前限额就被突破了。例如，一份5年期加利

〔1〕 在1997~2003年所安排的80亿美元的债券中，50亿美元为BB级，13亿美元为BBB级，其余为其他级别。基于发行人和投资者的需求，这种混合的形式在未来几年不会有大的改变。

福尼亚地震债券含有2.5亿美元的上限，如果在第2年遭受了3亿美元的损失事件，则此发行实际已失效，虽然还有3年才到期。

5. 定价

考虑到地震债券的复杂性和非流动性的特征，巨灾债券的定价是关注的焦点。从理论的角度看，地震债券的定价应该在与地震再保险价格相当的水平，可以包含一定的摩擦成本。[1] 由于地震债券是保险和再保险的一种替代或补充，保险和资本市场发行之间的价格差异对整个活动都有影响。有证据表明，当坚挺的保险市场形成和发展时，地震债券的发行将会加速（虽然发行量仍处于相对窄的波动范围之内，即没有明显的发行量大增的现象）。由于创建一个债券结构往往比较昂贵——成本涉及SPE/SPR的设立、文件准备、雇用投资银行承销该次发行等——只有当其他损失融资替代形式价格更高时，地震债券的成本及收益结构才具有优势。

再保险价格应是预期损失、非预期损失和附加利润的函数。考虑到再保险和证券化市场之间的联系，地震债券的定价水平应反映出无风险利率、预期损失和非预期损失、摩擦成本和附加费用。预期损失可被视为可能出现的结构的概率加权之和，但必须辅以反映非预期损失分布的一种度量。如果将预期损失和非预期损失完全考虑进价格中，投资者则不会在意是否选择高损失概率或低损失概率的证券。然而，这只有当统计分布定义得比较准确时才适用。地震灾害损失的分布不总是中规中矩的，意味着不同的证券之间的定价差异，从而使估值与交易的努力更趋复杂。对于如何定价地震债券没有统一的方法，与

---

[1] 地震债券并不总是具有税收效率的，也会增加总成本。例如，分出公司可以从收入中扣除保费成本，而通过再保险转移风险的保险公司从总承保保费中扣除保费成本。然而，通过SPE或SPR证券化风险的成本是不能税前扣除的。这意味着在其他条件同等的市场中，保险和再保险解决方案具有内在的成本优势。

分布、建模假设、非流动性和“新颖”相关的挑战都会对定价产生影响。某些模型将利差定义为一个常数与损失方差的乘积。另一些模型则考虑了损失分布特征的偏度，还有一些模型则创建一个结构，其中预期损失以特定事件的发生为条件。[1] 虽然各种不同的定价方法所获得的高收益在某种程度上得到了合理论证（如精算上的不确定性、非透明性、非流动性），但它们仍大大高于具有类似评级的公司高收益债券，尽管事实上公司债券与其他金融资产类别内在地相关联着。

（二）创新

随着普通的地震债券结构趋于成熟，并赢得了发行人和投资者的青睐，某些创新开始出现，使市场更加灵活并让市场参与者更好地满足其融资和投资需要。[2]

1. 搁板项目

在地震债券市场发展的前几年，债券的安排和发行是分别进行的：发行人和中介机构对每次新交易进行谈判和结构设计，整个过程耗时较长，且有相当资源的投入。在 2002 年，瑞士再保险公司开发了第一个搁板项目，将多个发行安排在一个项目中（非常类似于公司或主权债发行人可以通过中期票据或欧元中期票据项目进行标准债务发行）。[3]

---

〔1〕 一些方法将起赔概率作为频率的指标，将耗尽概率作为严重程度的指标；如果耗尽概率很高，潜在的严重程度则高，反之则相反。利润附加因子（该因子必须加到预期损失之上）仍取决于分布的形状，而分布本身需要对离差进行测量。在损失的频率和严重程度之间存在直接的权衡关系。投资于巨灾债券的投资者必须考虑为了给定程度的严重性缩减，可以接受多高的频率增加。实际上，这可进行实证检测，方法是观察被交易的债券价格并将其代入一个函数。

〔2〕 近年来出现的主要创新包括搁板项目、多风险事故发行、多触发因素发行、名义本金触发因素发行、多季节交易、直接公司和主权结构发行以及其他结构性改进。

〔3〕 特别是，瑞士再保险公司创立了 20 亿美元的“卡特塞克”项目，允许发行特定证券层，覆盖可归属于北大西洋和欧洲风暴以及加利福尼亚、新马德里地震带和日本地震引起的财产和意外风险。

地震灾害搁板项目的出现向市场注入了灵活性,使频繁的发行人主要是保险公司和再保险公司,能够在相当短的时间内,以更加合理的成本发行具有一组独特性质的债券。发行人可以在未来创立更多的搁板项目。

2. 多风险事故的发行

在2000年整整一年的时间里,地震债券市场完全基于单个风险事故发生。因此,寻求地震保障和飓风保障的发行人将发行两种独立的债券,每种债券有自己的机构、分析和定价;比较活跃的发行人可能会发起单一的搁板项目,从而可发行多个证券层,但仍需根据每种证券的自身情况进行考虑和评估。自那时起,大量多风险事故的债券得以发行,并形成了更有效的转移风险途径。

多风险事故债券包含多个单独的触发条件,涉及不同的风险因素;满足任何触发条件均可能导致本金和利息的暂时或永久性减少(按照预定的安排,如有三个触发条件,对每一个都是1/3或其他的组合)。例如,多风险事故债券可以涵盖地震(其触发条件基于最低x级)、飓风(触发条件为y级)以及水灾(触发条件为降雨量达到z水平),其中x、y和z可以定义为希望定义的任意精确数值。如果x、y和z中的任意一个发生,本金和利息将暂停支付,从而使发行人受到保护。[1]

由于所有的风险要求都可以并入一份证券中,多风险事故证券带给发行人更大的效率——不必重复设立发行载体、结构或进行披露。它的建模通常与标准巨灾债券的建模相似,除了事件是关联的情况。多风险事故证券已在市场上获得了一席之地,在未来可能会进一步发展。

---

〔1〕 举例来说,一旦法国风暴或者摩纳哥地震发生,AGF保险公司旗下的麦得再保险公司将提供保障;类似地,哈亚德再保险公司提供的保障,可以对抗欧洲风暴、日本台风或日本地震带来的损失。

3. 多触发因素的发行

上述结构的反面是这种债券：它要求所有的预定事件发生，而不是其中的一件预定事件发生，才会暂停对投资者本金和利息的支付。不同于单一事件就可对投资者造成损失（并对发行人产生保护）的情况，知道两个指定事件被触发之前，投资者是有保护的。此结构旨在向投资者提供更好的本金保护，当然，代价就是较低的收益率。较低的收益率对某些发行人有吸引力，因为它使风险转移的成本与标准保险及再保险相比更有竞争力，虽然它并未提供与标准的单一触发因素证券相同的保护水平。例如，传统的地震债券仅要求满足一个特定的触发因素，即可暂停本金和利息的支付。而多触发因素债券的本金和利息通常不会受到威胁，直到地震触发因素以及第二个触发因素发生。第二个触发因素或许与发行人全部的损失水平相关，或是在特定时间内另一次地震发生，或是某个其他指定事件发生。多个事件可按照时间和地区设定，涉及相似的或不同的风险事故和损失水平。[1]

因为必须正确评估两个触发事件的相关性和联合概率，多触发因素债券比单一触发因素债券更难建模。额外的分析复杂性增加了非透明度，给发行人、投资者和评级机构带来了挑战。一个有利之处是这类债券发行通常会获得较高的评级。因为与两个发生概率很小的事件相关的损失概率非常小，迄今发行的大多数证券层都被评为投资级。由于发行人和投资者均能从中受益，地震债券市场的这一细分市场可能

---

〔1〕 例如，瑞士再保险的藤架资本Ⅱ按时间设定触发因素来保护保险公司，以防止两个或多个巨灾（任何种类的）在短时间内相继发生。在 18 世纪早期，此债券的出现似乎有很深的根源，当时一场大规模的欧洲风暴和日本地震在几个星期内陆续发生，造成相当大的破坏；如果同样的情况发生在 21 世纪，对保险和再保险领域将产生毁灭性的影响。同样地，法国电力公司的高压塔债券根据两个或多个法国风暴事件提供第二事件保障。康沃瑞姆再保险公司通过垂纳姆债券获得第二事件转分保保障，此保障基于两个独立的地区和风险事故触发因素，包括欧洲、美洲风暴以及美国地震。

获得持续增长。

4. 名义本金触发因素的债券发行

市场上的另一个创新是名义本金触发结构。虽然此结构未得到广泛使用,但其概念已收到关注,未来的新债券发行可能还会增加。[1]在此结构的条款中,地震债券的对外支付是基于模型损失,而不是实际实现的损失(实际实现损失常见于以上所述的传统触发结构)。在估计损失时,将当地强度考虑进发行人的组合之中,然后应用一个破损函数和保单条件,从而获得可保损失的估计值。该金额被置于一个托管账户;如果灾害事件发生,实际物理参数将输入含有名义组合的模型,以确定起赔点和损失水平。由于组合保持不变,道德风险和逆向选择可得到最小化控制;并且,此结构需要详细的灾害事后分析,以确定是否暂停支付本金和利息。

5. 多季节的债券发行

虽然从历史上看,许多证券化结构都被设定为单一的季节或年份的交易,但在多年期品种领域,债券发行逐渐增多,其中2~5年期的交易成为常态而非例外。一次多年期的交易可使发行人避免每年重新协商而引起的价格波动(同样的年度波动是再保险市场的特性之一),以及提前确保风险承保能力的获得。由于不必每年重新发行证券,因此也降低了成本。虽然这些是明显的好处,但建模工作非常复杂,因为要取决于多年期事件,有些事件需要重新设定,有些需要加强(如依赖于时间的地震事件)。

6. 直接的公司/主权机构发行

在21世纪初期阶段,多数巨灾债券是由保险公司和再保险公司发

---

[1] 首次发行是2001年垂纳姆2亿美元的3年期票据和优先股,通过3个独立的名义组合,使康沃瑞姆再保险公司免于遭受飓风、地震和风暴造成的损失。

行。这并不令人意外,因为这些机构的巨灾风险敞口最为庞大,也最需要利用尽可能多的损失融资工具;同时它们具有丰富的精算和融资经验,可用来分析和设计最优机制的结构。

尽管如此,新发行人已开始进入市场。第一家由非金融公司直接发行的巨灾债券是 1999 年东方土地公司(针对东京迪士尼)所发行的,[1]像威温蒂(针对加利福尼亚地震)和法国电力公司(针对法国风暴)等实业公司已开始直接进入市场;政府和准政府机构,如全劳联(针对日本地震和台风)和国际足球联盟(针对所有的巨灾风险事故,包括恐怖主义事件)也在 21 世纪进入了市场。实际上,随着公司和主权机构越来越积极地直接涉足于自身风险的管理,预计市场上将会出现更多的直接债券发行。

7. 其他结构性改进

巨灾债券的几项其他形式的创新近年浮现出来,显示出市场创造性不断增强。例如,在已发行的一些证券中,若指定风险事故的指标值低于特定的门槛值,投资者将获得更高的利息,否则若其高于特定的门槛值,则没有利息;这正好等于一组分离的内嵌数字期权的债券,这些期权在每个评估日提供一个较高的利息或者零利息。[2] 随着发行人风险特征的变化而波动的可变利息债券也已出现,这使发行人得以在

---

〔1〕 1999 年 5 月,东方土地公司、东京迪士尼乐园的所有者和经营者,发行了一只 2 亿美元的两层参数型债券:第一层旨在保护公司免受东京迪士尼周边发生地震引起营业中断所造成的经济损失,而第二层是用于提供灾害后的重建融资。债券的第一层是 1 亿美元的 5 年期浮动利率票据,由 SPR 康森克再保险公司发行,为参数触发型:无论主题公园遭受多大的具体损失,支付额仅与地震强度、位置和深度等指标相联系;地震震级越大,距公园周边距离越近,对东方土地公司的有效保护就越大。债券第二层是 1 亿美元的 5 年期浮动利率票据,由 SPE 圆形舞滨公司发行,为在指定灾害事件发生后提供重建融资。

〔2〕 2002 年,瑞士丰泰保险公司发行了次级可转换债,并附加了基于冰雹的巨灾息票。只要冰雹损失造成的车辆赔付数量保持低于 6000 辆,投资者可获得比标准可转换债券利息高出 1/3 的利息;而如果赔付量超过 6000 辆,则无利息;因此,该交易是将次级债券、股权期权和以冰雹损失为参照的一组数字式期权的打包组合。

一段时间内动态地管理风险组合。[1] 还出现一种合成式的巨灾债券,这种债券将标准巨灾债券和债券发行期权融合在一起。如果再保险市场变得坚挺,此期权可以使发行人在资本市场上比较便宜地获得保障;通过嵌入期权,发行人保留了决定是否发行的灵活性,可在未来需要时以及市场出现不同情况时再发行。[2] 第一次"真正的"证券化也得以安排,它是基于一组特别认定的保险合同的组合,而不是非特定合同的一般组合。[3] 所有这些改进表明,资本市场的中介机构和投资者在处理巨灾风险方面已经逐渐变得得心应手。

(三)市场热点与发展趋势

随着地震债券市场的日益发展完善,市场逐渐呈现出新的热点和发展趋势。自 1997 年巨灾债券首次发行以来,多数变化是渐进式的,有赖于发行人的使用情况和投资者的接受程度。关于市场热点和发展趋势的明显特征包括:

第一,更大的发行规模,单个发行金额平均高于 2 亿美元。

第二,更多的多年期发行和更多的直接公司和主权机构发行。

第三,更广泛的风险事故类型和区域范围。占据主要地位的风险标的仍是美国大西洋飓风、加利福尼亚地震、欧洲风暴和日本地震,但涉及像中国台湾地震、摩纳哥地震、欧洲冰雹和一般的恐怖分子破坏等

---

〔1〕 例如,一家台湾地区保险公司发行过一只可变利息债券,连接到其不断变化的住宅地震保险组合上。

〔2〕 例如,安联风险转移公司以一种债券(它通过吉米尼再保险公司从投资者手中购买的)为基础创设了一种期权,该期权为其提供一种权利,使其在损失达到一种预先确定的触发金额后,有权利发行一种 3 年期债券,该债券的本金和利息偿付与欧洲风暴和冰雹挂钩。如果实际损失的确超出了门槛金额,安联有权行使此期权,向投资者或期权出售人发行 1.5 亿美元的标准巨灾债券(此项权利的"远期"性质易引发一系列信用风险,例如,是否确知当行使期权时,期权出售人在财务上愿意并能够提供资金)。

〔3〕 例如,F & G 再保险公司创设了一个包含 42 个单独的再保险合同的参考组合,其中,F & G 承担第一损失保障,投资者提供超额层保障。

风险事故的债券也已开始出现。空间范围和风险标的类型的不断扩大,使专门的巨灾组合管理者更易多样化其所持有的资产以及改善平均超额回报。

第四,当"新颖性"因素降低而更多的投资者开始了解这种产品的机制时,发行人的成本和投资者的回报则会降低;市场转为发行更多的指数或参数结构产品更加强了这一趋势,因为投资者不需要理解每一个发行人的特定组合构成。较低的成本使巨灾债券发行成为再保险日益有竞争力的替代产品;[1]尽管如此,巨灾债券仍然常常比再保险昂贵一些。[2]

第五,结构化巨灾债券所进行的建模工作十分审慎,相关利益方(发行人、监管者、投资者和评级机构)感到更加放心。巨灾再保险市场上逐渐增加的价格透明度消除了一些传统再保险合同的模糊性,这最终将影响巨灾债券的价格。

第六,专门的巨灾债券基金已发展为管理几十亿美元资产的规模;投资经理不断增强对巨灾风险的认识;巨灾风险在很大程度上与其他类别的资产是非相关的,巨灾债券有助于提升组合的回报。

虽然巨灾债券市场仍相对年轻,与全球巨灾保险及再保险市场相比,总规模仍较小;然而,它代表了另一种损失融资方案,是企业寻求管理自身风险的一种渠道。毋庸置疑,巨灾债券市场将继续发展和扩

---

〔1〕 例如,考虑USAA债券定价的演变情况:保险公司1997年的首次发行利率提高576个基点,1998年的发行提高412个基点,以及1999年的发行提高366个基点。利差的收窄是新颖性因素降低和某些建模参数变化(如事件、路径、速度、风暴潮破坏)的共同结果,从而使全套成本降低到与USAA的标准再保险成本相当的水平。最初的债券含有97个基点的超赔概率溢价、39个基点的耗尽概率溢价以及63个基点的预期损失溢价——意味着购买债券的投资者获得9.1倍的预期损失水平。后来的发行则降到了预期损失的3~5倍。

〔2〕 全部的再保险成本不总是被考虑为比较分析过程的一部分。例如,直接或间接的成本包括再保险公司的信用质量、免赔额、终止条款、结算延迟和复效保费,这些成本都不体现在巨灾债券中,从而在对巨灾债券的成本或收益分析的过程中可能会受到不适当的忽视。

大,直到成为一种风险承担能力的重要来源。

目前各国对于地震债券的研究主要还在金融领域,涉及相关金融法规定。有学者认为,我国在建立地震保险法律体系时,可引用金融法规定,也可在地震保险法中直接作出规定。事实上,当下国内地震保险的研究主要停留在理论层面,实践应用较少,对于地震债券的研究更是少之又少。因此,笔者认为,在地震债券的规制方面不应过早制定相关法律规定,可先在金融法中试水,待理论研究成熟且实践中亟须法律规定时再添加有关法律条文。

5.2.3 地震彩票的分类比较

有关部门要发行地震彩票,分散地震风险,首先须对彩票销售的影响因素进行研究。依据现实情况,我们可将影响因素分为两个层次展开:

第一个层次为个体层面,即指具体的一种彩票,其在销售过程中不同时段的销售数量和变化情况往往是由一些特定的因素导致,个体层面的研究就是对这些主要因素的研究和分析。个体因素研究有助于了解人们是否理性购买彩票及深入剖析影响具体一只彩票销售数量和变化的决定因素,但同时也存在问题。个别一只彩票在短时间内销售量的变化往往很大,起到重要作用的影响因素可能为多个,这在某种程度上很有可能会淡化真正起决定性作用的因素,而且短期内的变化并不具有代表性,不能反映该彩票行业的长期趋势,不利于总结彩票销量的性质和特征。[1]

---

〔1〕 Mikesell(1994)研究了1983年10月至1991年12月美国33个州的彩票季度人均购买量与州人均收入、失业率、彩票发行时间等指标的关系。结果发现,彩票的收入弹性显著为正,并且非常之大,达到了3.9。失业率对于人均购买量的弹性也为正,但很小,为0.054。彩票总销量会随着彩票发行时间增加而减少。See Mikesell. John, State Lottery Sales and Economic Activity, *National Tax J.*, 1994, pp. 165-177.

第二个层次为群体层面，主要指对一个片区或多种彩票进行的长期研究。Price & Novak 研究所在 1994 年对美国德克萨斯州的彩票销售情况进行了统计，包括三种类型的彩票，分别是即开型彩票、数字型彩票和乐透型彩票，[1]并将彩票的销售量与人均收入、教育背景、有色人种比重等因素进行合并研究，范围涉及全州 1351 个邮编区。该研究所将调查结果进行汇总、统计和研究后发现，三种类型的彩票之间并不是竞争关系的替代品，而是补充关系的互补品，并且收入高、受教育程度高的群体更喜欢购买乐透型彩票，而收入低、受教育程度低的群体则更青睐即开型彩票。[2] Garrett 研究所在 2001 年对彩票及其市场进行研究，试图发现彩票的内在性质、特点及其市场规律，该研究所对 1997 年全球 82 个国家发行的彩票类型、彩票市场数据进行分析总结，找出彩票与市场其他因素之间的内在关系和彩票是否具有经济风向标的职能。[3]

Oster 研究机构在 2002 年进行了对“强力球”的彩票研究，分别对两种样本进行取样。第一种为 1999 年至 2000 年该彩票在美国各州的每期销售情况，第二种为 1999 年 8 月至 2001 年 5 月近两年间“强力球”

---

[1] 乐透型彩票就是以序数方式为竞猜对象的彩票。只要求所选号码与中奖号码相同即可，号码无先后顺序之分。乐透型彩票属于中盘或大盘游戏，可以复式投注和倍投。一旦中大奖，奖金数额不菲。我国典型的乐透型玩法有福彩双色球、体彩超级大乐透。

[2] 对于乐透型彩票，人均购买量与当地人均收入、人均教育年限和其他彩票人均购买量显著正相关，而与黑人比重显著负相关。对于数字型彩票，只有黑人比重和其他彩票人均购买量的系数显著为正。对于即开型彩票，人均收入、人均教育年限的系数显著为负，黑人比重和其他彩票人均购买量的系数显著为正。See Price, Donald, E Shawn Novak, The Income Redistribution Effects of Texas State Lottery Games, *PublicFi - nance Rev.*, 2000, 28 (1), pp. 82-92.

[3] Garrett 研究结果为：从全球角度来看，人均收入对人均彩票购买量的弹性为 1. 347。从各大洲来看，南美最高，为 2. 065，欧洲其次，为 1. 681，亚洲为 1. 310，北美为 1. 182，非洲最低，仅为 0. 712，并且这些系数除北美外都在 1% 水平上显著。See Garrett, Thomas A. An Int Comparison and Analysis of Lotteries and The Distribution of Lottery Expenditures, *Int. Rev. Appl. Eco.*, 2001, 15 (2), pp. 213-227.

彩票在一个州内各邮政区的每期销售情况。[1] 最后的调查结果为,无论在各州、还是在一个区的各个邮政区,只有当奖池的奖金多到一定程度,让人觉得“性价比”更高时,富人或受教育程度更高的人群才会购买。[2]

进入21世纪以来,我国彩票业发展很快。民政部、国家发改委在《民政事业发展第十二个五年规划》中提出,2010年中国福利彩票销售额为968亿元,2015年目标销售额为1559亿元,发行量保持10%以上的年增长速度。我国福利彩票市场已初具规模,在现有的管理体制下,可以由民政部作为地震风险彩票的发行主体,这样可以直接利用其下属单位中国福利彩票发行中心作为发行机构,并充分借鉴已有的发行经验,建立地震彩票发行体系,为地震风险彩票的上市扫清障碍。

地震风险彩票的销售所得扣除发行成本以及返还给中奖者的奖金以后,剩余的公益金纳入地震保险基金。地震风险彩票的发行应主要用于以下情况:一是在地震保险基金建立初期,发行地震彩票,获得地震保险基金的启动资金。二是在地震保险运行中,用于补充地震保险基金的偿付能力。三是当地震风险过大,击穿地震保险基金的最大承保能力,发行地震风险彩票,筹集资金进行补偿。

---

〔1〕 Oster研究机构对美国康涅狄格州1999年8月至2001年5月的销售记录进行研究具有代表性,该州也是美国保险业的起源和保险经营最发达地区。参见李刚:《中国彩票业现状的实证分析及未来发展对策的研究》,复旦大学2006年博士学位论文。

〔2〕 对于人均收入越高的地区,无论是以“邮政区”还是以“州”为研究范围,奖池相对当地当期人均彩票购买量的对数值的系数越大,并且在奖池低于1000万元各期,人均收入低的地区人均彩票购买量显著高于人均收入高的地区,但当奖池超过1000万元,尤其是超过1500万元时,贫富不同的地区人均彩票购买量则相差无几,这说明,富人只有当彩票奖池量大到一定程度而变得更加“划算”时,才会购买彩票。Oster, Emily, *Dreaming Big-Why Do People Play the Powerball?*, Harvard University, Senior Honors Thesis, 2002.

5.3 多层分摊机制为地震损害分摊的体系基础

所谓多层分摊机制，实际上就是由政府、保险公司、再保险公司、地震委员会组成的将地震损失进行分摊，分散风险的赔偿体系。具体内容包括保险公司承保地震保险并发行地震债券，再保险公司承担再保险责任，地震委员会管理地震保险经营理赔工作并参加赔偿，政府发放地震彩票并承担最终赔偿责任。各地震灾害国家都有类似赔偿机制，对地震灾害的赔偿起到了很好的保障作用。

5.3.1 地震局主导的五层模式

加州地震局（CEA）在 2005 年时就具有 71 亿美元的支付能力，支付体系具体可分为五个层级：

第一层支付资金为 19.7 亿美元，主要来源于参与公司缴纳的资本，已赚保费和准备金的积累。

第二层支付资金为 21.8 亿美元，当第一层资金不足时，参与 CEA 的保险公司承诺出资支付索赔。

第三层支付资金为 15 亿美元，主要指再保险的承保责任，在未经 CEA 同意时，再保险人不得将分保保险转分出去。

第四层支付资金为 14.6 亿美元，在前三层资金不足时，参与 CEA 的保险公司再次出资支付索赔。

第五层支付为前四层级的补充，当一次地震赔付超过最大赔付能力时，购买 CEA 地震保险且受地震影响的保单持有人将按照一定比例获得赔付。[1]

---

[1] 这一比例获得的赔付款的计算公式为：赔付款＝应获赔款÷总赔款×最大赔付能力。

5.3.2 赔偿三主体的四层模式

新西兰的地震体系包括三个部分,地震委员会、保险公司和保险协会。地震委员会是由国家财政部组建,目前通过强制的保险和投资,该地震委员会累积了近50亿新元的基金。保险公司主要销售保险,然后将所得地震风险保费转交给地震委员会,并且负责超出法定保险责任部分的损失赔偿。

新西兰地震保险支付体系分为四层,使赔偿责任分散在地震保险公司、地震委员会和政府之间。具体为当地震灾害发生后,地震委员会进行第一层分担;当灾害赔偿数额超过一定额度时,由保险公司和地震委员会联合分担;第三层利用"超额损失保险合约"进行承保;如果以上措施还不能对居民的损失进行完全赔偿,则由政府承担最终责任。[1]

5.3.3 按赔偿金额划分的五层模式

日本地震灾害发生后主要由地震保险公司、再保险公司和政府承担损害赔偿责任,并按照一定的比例分担赔偿责任。按赔偿金额的大小划分,分别由再保险公司、保险公司与政府、再保险公司与政府、政府和保险公司、政府和再保险公司分别承担赔偿责任,并根据赔偿金额的大小确定政府与保险、再保险公司的赔偿比例。[2]

---

〔1〕 新西兰地震保险支付体系主要分为四层:第一层,在发生地震事件后,地震委员会支付2亿新元;第二层,2亿新元至7.5亿新元,在保险人承担损失的40%,地震委员会承担60%;第三层,7.5亿新元至20.5亿新元,采取超额损失保险合约承保;第四层,损失超过20.5亿新元时,首先由巨灾保险基金承担,基金耗尽之后由政府承担最后赔偿责任。参见董钢:《国际典型地震保险制度研究与借鉴——从四川芦山地震看我国地震保险制度建设》,载《中国物价》,2013年第6期。

〔2〕 其承担比例如下:一次地震的保险赔偿金额在0~1150亿日元区间,全部由再保险公司承担赔偿责任;保险赔偿金额在1150~11,226亿日元区间,该区间内损失由政府和直接保险公司各承担50%;保险赔偿金额在11,226~19,250亿日元区间,该区间内损失由政府和再保险公司各承担50%;保险赔偿金额在19,250~37,120亿日元之间,该区间内损失由政府承担95%,直接保险公司承担5%;保险赔偿金额在37,120~55,000亿日元区间,该区间内损失由政府承担95%,再保险公司承担5%。

此外，我国台湾地区也实行了类似的地震灾害多层损害分摊机制，共分为三层：第一层由共保组织承担24亿新台币的赔偿；第二层由住宅地震保险基金和再保险市场、资本市场承担456亿新台币的赔偿；第三层由政府承担兜底责任。三层地震保险赔偿总额为600亿新台币的损失。[1]

表3 我国台湾地区地震灾害多层损害分摊机制

单位：新台币

层级	承担主体	赔偿金额	赔偿金额范围
第一层	共保组织	24亿	0~24亿
第二层	住宅地震保险基金	176亿	24~200亿
	岛内、外再保险市场或资本市场分散	200亿	200~400亿
	住宅地震保险基金	80亿	400~480亿
第三层	政府	120亿	480~600亿

除我国台湾地区外，我国在借鉴国外多层损害分摊机制时可以建立由地震保险公司、再保险公司、地震委员会、政府组成的保障体系。在损失较小时，可由保险公司和再保险公司承担；在灾害较为严重而保险公司及再保险公司无力承担时，可利用地震委员会的地震基金进行补充赔偿；在地震委员会的地震基金使用殆尽后，国家作为"最终保障人"，承担最终赔偿责任。

这一体系的优势在于，首先由保险公司进行赔偿，可以使资金快速

〔1〕 台湾地震保险各层危险承担限额，均以每一次地震事故保险损失金额为计算基础。同一次地震事故合计应赔付之保险损失总额超过各层危险承担限额之合计总额时，按比例削减赔付被保险人之赔款金额。台湾地区所称地震事故，于保险期间内连续72小时内发生2次以上时，视为同一事故。

到位,保障灾区居民基本生活保障。地震委员会作为保险公司与政府的中间机构,既可以监督保险公司对地震保险的经营,防止出现保险公司违规操作行为,侵害投保居民的利益,也可以防止逆选择现象的出现,体现地震保险的政策性。而国家政府作为最后承担者,在运用其他方式仍无法全部弥补地震损失后承担赔偿责任,既减轻了国家财政的负担,不影响各行各业的持续发展,也是对灾区人民和生产建设的强有力保障。

小结

本章归纳总结了地震保险损害分摊制度中的各个要素,包括地震再保险、地震债券、地震彩票以及各部门形成的多层损害分摊机制。

保险公司承保地震保险将承受巨大风险,而地震再保险是一种有效的抵御地震风险的措施。只要保险公司和再保险公司在签订再保险合同时明确各自的风险自留额,相当于保险公司承担了超过自身承保能力的风险,也将再保险公司所具有的一些闲散资金用于地震保障中,有利于提高资金的利用率。只在有限区域内推行地震保险并不能很好地发挥其保障作用,也不符合保险的大数法则。因此,有必要在发展地震保险的同时发展地震再保险,将地震风险分散到全国、全世界范围,有利于提升保险业对地震风险的保障作用。在制定地震保险法或修订《保险法》时对地震再保险进行规制,为地震再保险的发展提供制度支持。

地震债券和地震彩票都是将地震保险市场与资本市场结合而产生的保险衍生品,是将地震风险转移到更广阔的资本市场的有效方式。美国很早就使用了地震债券,有丰富的经验供我们学习,但其中也存在一些问题,需要进行总结及创新。地震彩票是一种补充措施,是其他方式承担地震灾害出现不足时的应急手段。但是基于其投机性、非创造性等本身固有特点,并不宜广泛开展,应在合理监管的范围内进行选择性适用。

多层损害分摊机制是结合了地震保险、再保险,地震债券、地震彩票以及地震委员会和国家政府共同组成的地震损害赔偿体系,一旦建立并合理运用能够应对各级别地震灾害的威胁,更好的保障人民和维持地区稳定及经济发展。

但是,以上各种形式的损害分摊方法都需要有健全的法律保障。因此,要利用损害分摊来分散地震灾害的风险,应建立并完善地震保险法律制度,并在其基础上健全地震保险损害分摊机制。

第 6 章　地震保险法律制度之构建措施

地震保险相关法律政策是在发生地震灾害后不断建立起来的,需要经历漫长的发展过程,同时也付出了惨痛的代价。我国自 2008 年至今连续发生重大地震灾害,是建立地震保险法律制度的一个很好切入点。国外的地震保险制度多由相应的法律法规为依据,分为两种形式:一种是以地震、洪水、风暴等主要灾害风险为对象,针对特定保险标的,分门别类制定单一巨灾风险的保险制度;二是综合所有巨灾风险,包括自然灾害一般风险在内的保险制度。地震保险法律制度关乎国家大计、人民生活,涉及的对象包括住宅及家庭财物及由此产生的一些必要费用和损失。

6.1　基本原则

制定地震保险法律制度,应该遵循一定的原

则,使地震保险法律的制度构建在基本原则的框架内,做到科学立法、合理立法。

6.1.1　普及性原则

我国地震保险立法尚处于初级时期,没有普及对地震灾害及相关保险的知识,不同人群对这种新的保险的理解大不相同,接受起来往往比较困难。因此,要在全国范围内做好普及工作,使人们认识地震灾害、地震保险,了解地震保险对抵御地震灾害及赔偿损失的重要作用,同时为建立地震保险法律制度奠定群众基础。考虑到地震灾害发生频率较高、灾害损失严重、人民保险意识不强的现状,我国可采用新西兰的地震强制保险制度,但在普及这种制度时应针对基本保障层面。[1]

6.1.2　逐渐性原则

所谓逐渐性原则就是根据现实情况逐步发展和普及地震保险,在其基础上发展地震保险法律制度。对于地震保险的发展而言,我国虽从新中国成立时就已经开展起来,但就特殊的国情和现阶段的发展情况而言,不应一蹴而就,具体措施为:第一,要综合考虑国家财政能力、我国保险市场承受能力和国际再保险可介入水平,研究不同地区投保人的经济情况和保险费可投入比例;第二,在数据的基础上鼓励地震灾害严重地区投保地震保险,并保证国家、地方及保险公司的承保能力;第三,制定法律等制度对投保人和承保地震保险的保险公司进行适当

---

〔1〕 新西兰地震保险是以强制的方式附加于住宅火灾保险单上,民众向商业保险公司购买火灾保险即自动取得地震保险保障,并由商业保险公司代收保险费,扣除 2.5%的佣金后,再将净保险费拨付给自然灾害基金。

的补贴，逐步发展地震保险。而对于地震保险法律制度而言，更应贯彻逐渐性原则。我国已在《防震减灾法》等法律中提出发展地震保险，为地震保险提供法律基础。现阶段要做的是起草并完善地震保险法律体系，进行调研，为地震保险的发展提供全面法律保障，未来还要在此基础上修改、完善法律规定的不足，适应不断出现的新灾害和不断变化的地震保险问题。

由于我国地区间存在民俗习惯、经济发展水平、受灾害影响程度等方面的差异，在推行地震保险时应循序渐进、由易入难，优先适用灾害严重地区，试点法律法规完善、经济发展水平较高、地震保险容易接受地区。在地方法规完善地区可先行推进地震保险制度，在实践中发现问题，不断完善地震保险法律法规，推动地震保险法律的发展。在地震灾害频发地区可要求一定的地震保险覆盖率和普及度，从基础保障入手，不断提高赔偿额度，完善保险产品的同时建立地震保险法律体系。构建地震保险法律制度，要将投保费率控制在相应范围，要随着居民生活水平的提高和地震保险经营的积累逐步进行。

6.1.3 政府主导原则

政府主导原则要求政府在构建地震保险法律制度上发挥主动作用，既要提供政策支持、法律保障，还要致力于宣传和保障有关地震保险法律方面研究工作的进行。[1] 无论是地震保险、地震再保险，还是地震委员会，都是在政府的支持下才可以有效开展保险业务，在抵御地震灾害的同时发展保险业。政府的主导作用尤其重要，不仅可以支持

〔1〕 政府主导首先体现在制度设计上，政府需要组织研究确定我国地震保险法律制度的基本模式；其次，政府要为地震保险法律制提供财政、行政上的支持，使该制度得以建立并良好运转；最后，政府主导的地震保险法律制度，必须与国家现有的综合减灾救灾体系进行有机结合。参见何飞、陈苏阳：《建立我国地震巨灾保险制度》，载《中国减灾》2013 年第 3 期。

保险公司开展地震保险，同时对地震灾害波及的国民经济和社会稳定都起到很好的保障作用。

6.2　具体措施

地震保险涵盖多学科知识，包括保险学、经济学、政治学、法学等，但从各国发展地震保险的规律来看，法学研究居于首位。只有从法律上先行对地震保险进行规范和引导，才能明确地震保险涉及主体的权利义务关系，才能科学地推行地震保险业务。建立科学合理的地震保险法律制度，修正法律体系内部不一致的情形。发生地震灾害时，被保险人和保险公司都可以按照法律规定进行索赔和理赔工作，使地震保险有章可循、有法可依，杜绝保险秩序混乱、人民财产得不到保障和不合理赔偿的情况出现。

6.2.1　明确政府在地震保险中的主导地位

未来的地震保险法要确立政府在地震保险的主导地位，运用规范性的法律条文明确政府在制定政策制度、利用金融财税措施、实行行政管理等方面的权利，规划并保证地震保险实施开展：

第一，协调各方面力量，建立起政府主导、保险公司和再保险公司参与，地震委员会等社会部门承担补充责任，政府作为“最后承担者”的多层地震灾害保险体系，利用商业保险公司和社会机构分散地震风险和承担赔偿责任，同时充分发挥政府的主导作用，作为最后承担者，提供坚实的保障。

第二，通过立法将地震保险与一般商业性保险进行区分，特别在地震灾害常发地区应明确其强制性，在全国范围内普及地震保险，法律条文明确规定政府对投保地震保险进行补偿，对于经济欠发达地区可适当提高补偿额度，确保地震保险在抵御地震灾害方面的基础保障作用。

第三，政府要发挥其在财政拨款和税收方面的主动作用，为地震保险提供财政支持，如对承保地震保险的保险公司给予补贴和税收减免，承担保险行业无法承担的灾害损失，建立多种、多层次的地震风险基金，丰富损害分担机制。

此外，政府还可以出台相关政策，鼓励居民投保地震保险，同时可根据现实需要和实践操作中可能出现的问题，建立"有限兜底"制度，强化保险经营的稳定性。〔1〕

6.2.2 建立地震保险理赔与制度建设的专项基金

政府的主导作用往往都是政策上的支持，具体下来还需进一步落实相关措施。各国政府及政府间国际组织都设立了专门的部门机构来应对地震等巨型灾害，如成立地震委员会。地震委员会是介于政府和保险公司之间的组织，其设立和运行都需要来自政府、保险业协会和保险公司的支持与配合。地震委员会可聚集社会各层的分散资金和力量，对地震灾害等巨灾起到针对性地防范作用。〔2〕 建立地震保险专项基金是我国地震保险法律制度建设的重要基础，对分散地震风险、充足赔偿资金等具有重要作用。

(一)地震保险基金性质考察

地震保险基金的基本定位应当是政府主导、市场运作的准公共性风险保险基金，其产生于地震保险，作为地震保险的风险分散和损失分担。建立地震保险基金，需要多部门的合作，包括经营地震保险业务的

---

〔1〕 所谓"有限兜底"制度，即根据财政支付能力，通过发行政府地震彩票等方式，形成一定的超额保障能力，在有限程度内，增强法定和商业体系经营的稳定性。

〔2〕 如土耳其的巨灾保险基金、新西兰的地震保险基金等。

保险公司、保险行业协会和政府相关部门等。根据地震保险的属性，地震保险基金具有准公共性质，即由国家组织筹建，依靠市场规律运作，实现基金自我积累的长期有效运行。

地震保险基金的主要特点在于结合了政府主导和市场化运作。政府主导体现在：一是管理机构由政府主导。在国务院领导下成立地震委员会，受相关机构管理与监督，对地震保险基金进行分配和使用，包括基金的收入、统计、划拨、入账、核算等，必须确保资金的安全、保值和增值。二是由政府统一协调运作。地震保险基金涉及到多部门，尤其是数量大分布广泛的保险公司。运营地震保险基金的各环节都与这些保险公司的利益密切相关，极易出现管理上或利益分配上的矛盾或违法事件，作为预防机制的有效监督和管理能够平衡各参与方的权利与义务，以确保地震保险基金的稳健运行。地震保险基金的收付、划拨、统计及资金运用等职责由政府设立的专业部门统一管理。市场运作体现在：一是为了提高地震保险基金的使用效率，应将地震保险产品的开发、宣传、销售，灾害发生后保险公司的赔偿等工作的进行完全交由保险公司处理。二是基金的保值增值交给市场运作，通过再保险市场分散风险，保证基金稳定运营，通过资本市场增加基金投资收益，保证基金长期累积和可持续运营。[1]

（二）基金来源

地震保险基金的来源广泛，最初主要由政府财政投入和保险公司收取保险费用组成，还包括住宅管理基金、社会捐助等经国务院批准的其他方式筹集的资金及其投资收益部分。财政投入由地震委员会根据地震风险状况和中央财政、各地财力情况，提出财政投入地震保险基金

---

〔1〕 Munich Re, Knowledge, Series. Megacities–Megarisks, Trends & Challenges for Insurance and Risk Management, Jun. 2009.

的预算建议。一是采用“定期投入”的方式。财政充足时,每年按一定比例投入地震保险基金,以不断充实壮大资金积累。二是采用“承诺给付”的方式。对于西部地方财政相对困难的省份,可以采用承诺方式,或者是授信方式解决财政资金不到位的问题。地震保险先行开展,中央财政和地方财政承诺当地震灾害发生后给予资金支持用于灾后赔偿。

笔者认为,从我国现阶段的实际情况看,应根据《保险法》和《防震减灾法》等相关法律,首先设立全国性的地震保险基金,在发生地震灾害后由国家性管理机构统一管理该基金的使用和分配。待到全国性地震保险基金发展成熟时,再细化中央和地方两级机构,区分不同地区进行基金的投入,提高基金的使用效率。全国性地震保险基金要为地震保险法律制度的顺利实施提供组织、协调、管理、支持和保障功能,依托政府的主导地位和市场的选择作用,在地震保险法律制度的落后地区,有效保障城乡居民灾后的基本生产生活恢复之所需。

6.2.3 厘定具有科学性的地震保险费率

地震保险具有地区强制性和基本保障性等不同于一般商业保险的特点,其费率的厘定也应有别于其他保险产品。在厘定费率时,既要考虑国家政策支持和税费减免,也要给予保险公司一定的利润,在必要费率和风险费率叠加的基础上来计算具体的保险费用。个别居民和公司希望通过投保更多的地震保险,而在可能发生的地震灾害后获得更多赔偿,这种额外的地震保险业务不属于国家鼓励投保险种,并不享有政策性优惠,因此厘定的费率应为基本保障费率加国家税费、保险公司自身成本和利润的考虑。

要使地震保险得以顺利推广和使用,投保费率的厘定至关重要,可长期使用的投保费率应维持保费收入与赔偿支出相对平衡的状态。保险公司应明确承保条件与免赔额,使投保人充分了解,防止保险合同双方产生不必要的冲突和矛盾,有利于降低保险公司的管理成本,便于地震保险项目的开展。设计与现实符合度高的地震模型,结合先进可靠的计算方法,是科学厘定投保费率的保证。

(一)厘定地震保险费率应考虑的因素

法律对地震保险费率的厘定除了要考虑地震保险区划、风险暴露单位数量及其价值分布、保险标的的易损度、保险责任范围等因素外,还要考虑地震风险的一些特殊因素:

1. 历史数据的局限性

由于地震灾害的特点主要表现为发生损失大、周期不确定、概率不规律、不具有趋势性,因此地震保险费率的厘定并不像商业保险一样,历史观察期越长、数据积累越多越好。例如,20 世纪 60~90 年代,欧洲洪水灾害发生的概率较低,保险公司和相关研究、决策部门误认为这一时间的取样研究已具有很大的代表性,按照这一时期的样本进行灾害费率的厘定。90 年代后,欧洲洪水灾害频发,投保费率与实际灾害发生情况的不一致性使得保险金赔偿严重不足。[1] 因此,法律在规定费率的厘定规制时,既要考虑历史数据,也要顾及其时效性,要充分结合最近发生的地震灾害,分析灾害发生的走向和趋势,统计和预估灾害造成的损失。《地震保险法》在规定投保费率时,可只对计算方式、依据进行规定,而不必要确定具体数字、比例,对与地震灾害不符的地方进行及时的修订和改正,使费率尽可能的与实际相符。

---

〔1〕 1960~1990 年,欧洲洪水灾害发生率低于正常水平,建立于 20 世纪末的大多数洪灾模型赋予了这一时期过多的权重。但是 1990 年以后的十多年间发生了较多的洪灾事件,导致大多数洪灾模型都低估了洪灾发生率,超出了模型内含重现周期所预测的灾害频率,造成欧洲洪水保险产品对潜在的洪水损失风险估计不足,费率偏差较大。见石兴:《巨灾风险可保性与巨灾保险研究》,中国金融出版社 2010 年版,第 262 页。

2. 地震灾害的波动性

因为地震风险暴露数量和价值的不断提高,地震灾害造成的损失历史记录常常被打破。一些地震风险有时呈现祸不单行的局面,与其他灾害在一年内先后发生,乃至几个地震灾害在不长的时间内重现,没有规律可循。[1] 1811~1812 年,新马德里在短短 3 个月内遭受了 3 次 MM 级地震。2013 年四川雅安、山东莱州、吉林松原都发生了地震灾害。因此,考虑到地震灾害的波动性,在对地震保险费率进行规定时要预留一定的比例,避免出现"祸不单行"等情况时赔偿金额不足的问题。

3. 单一灾害的严重性

单一灾害的严重性是指在一种灾害发生时,其造成的损害最大为多少,是否超过历史最高纪录,超过最高纪录的可能性为多大。[2] 地震灾害发生后往往造成一个区域内的损失,其损失金额的估算和最大可能损失额度需要进行周密的计算。因此,并不能按照计算商业保险损失的保险原理来计算可能的最大损失,而要考虑一次地震灾害影响范围内每一投保单位可能造成的最大损失,再将这些可能的损失进行叠加,为单一地震灾害的最大损失。

4. 经济发展的快速性

1993 年联合国东京会议称 21 世纪是一个新的城市世纪。随着社会的发展,城市化进程不断加快,人口数量和密度都在增加,物质得到极大的丰富,私人拥有财富额也在持续增长。以我国深圳为例,20 世纪 80 年代初的深圳和 21 世纪初的比较,简直可以用天壤之别来形容,人

---

〔1〕 如 2008 年"1·25"低温冰冻雪灾、"5·12"汶川大地震,只要有其中的一次,就会将自然灾害损失年度均衡性打破,何况短时间内连续两次打击。

〔2〕 目前一些风险管理咨询公司已经开始考虑"出现超过一般概率的事件"(occurrence exceeding probabilities,OEP),OEP 类似于"可能的最大损失"(MPL)的观点,主要预测一个时间段内,如每 100 年内,可能发生的、超过历史纪录的特大数额损失可能性。

口密度的疯狂增长和财富积累的几何增加使一个小渔村发展成国际化大都市。[1] 20世纪90年代后期上海的发展也是一个具有代表性的案例,在浦东开发之前风险暴露数量和价值肯定很少,现在平均每平方公里土地面积上的财产价值已经超过70亿元人民币,且还在不断增加。与此同时,城市在遭受巨灾风险袭击方面,变得越来越脆弱,聚集了极大的风险,因地震、风暴等巨灾风险导致的城市灾害必将日趋严重。地震保险的投保费率值具有地区性,不同的经济发展速度其投保费率也不相同,结合经济发展水平的投保费率更为合理,也更符合当地投保人对投保费用的预期值。

5. 纯风险费率因素

所谓纯风险费率,是指地震灾害实际发生和造成损害的风险,不包括政府和其他社会机构的补贴和援助。[2] 国家通过制定法律法规,对地震常发地区进行财政补助,对承保地震保险的保险公司实行税收优惠,一方面使投保人交纳的保险费低于实际费用,另一方面使保险公司降低了投保费用。最终导致名义上的保险费与实际面临的地震风险不相符,不能反映实际风险大小,影响合理保费的收取。因此,地震保险法律制度在规制保险费率时要结合纯风险费率因素和政策支持、税收优惠等,既要达到鼓励居民投保地震保险的效果,也要遵循保险经营的一般规律。

---

[1] 30年来,深圳经济获得巨大发展,取得了举世瞩目的成就。从大规模城市基础设施建设起步,经济建设出现了前所未有的高速度。2009年深圳市本地生产总值达到人民币8201.23亿元,比1979年增长979倍,年平均递增25.8%,创造了世界城市经济发展速度的奇迹。这期间,深圳花了18年时间使生产总值达到1000亿元,用了13年时间实现经济总量从2000亿到8000亿元的跨越,在全国大中城市中仅次于上海、北京、广州,居第四位。2009年深圳人均GDP达1.36万美元,达到国际公认中等发达水平,居全国大中城市首位。

[2] 纯风险费率必须真正反映保险标的所面临的风险大小,才能体现地震保险费率公平的原则,避免良币遭逐现象。

6. 保险责任范围与保障程度

投保费率的厘定还需要考虑保险责任的范围和保障程度因素。地震保险的保险责任范围包括对地震灾害发生后引发的次生地震灾害是否承保,对连锁产生的其他灾害是否承保,对一段时间内发生的地震灾害和其他灾害是否承保等,这些保险责任是否在承保范围内直接影响到投保费率的厘定。此外,地震保险的保障程度也是一个重要影响因素,保障程度强的地震保险共保比例高、免赔额较低、赔偿责任限制较少,其投保费率也较高。而保障程度弱的地震保险其各项指标则相反。

7. 准公共产品性

地震保险具有公共性,是国家政策支持的保障型保险。无论是已颁布实施的法律法规,还是未来的《地震保险法》,都应该将政策对地震保险的偏向和支持体现出来。一方面,地震保险是微利保险产品,想确保投保人可以购买该产品,使之基础保障作用得以发挥,不能制定过高的投保费率。另一方面,在同一国家的不同地区,由于地震灾害发生的概率、造成的损失程度不同,在保险费用上也应有所体现,否则很难激励保险公司对地震高风险地区实行保障,即在统一标准的基础上,对地震高发地区可适当提高投保费率。

综上,《地震保险法》应从以下几点对地震保险投保费率进行规制:第一,考虑特定的区域,区域内投保地震保险的人数及区域面积大小直接影响到投保费率;第二,损害与地震灾害的相关程度,地震灾害发生的频率和强度与损失的大小息息相关,高强度和高频率的地震将造成极大的损害;第三,保险标的的价值和特性,易损害、价值高、风险大的物品应厘定较高的投保费率;第四,保险责任范围广和保障程度强的地震保险应制定成正比的、较高的保险费率(一定标准下),反之则厘定较低的保险费率。

(二)厘定地震保险费率应遵循的步骤

在我国地震保险费率设计时,应遵循以下步骤进行:

1. 划分地震保险区域

厘定地震保险的投保费率应分地区进行,对于经常发生地震灾害的投保费率相对较高,在不经常发生地震灾害的地区投保费率则应维持在较低的水平上。我国幅员辽阔,应根据实际情况,科学合理地对不同区域进行分级,可划分为五个区域。[1]

2. 划分建筑等级

建筑物符合的不同建筑标准对投保地震保险的费率也应产生合理影响。符合较高标准的建筑物,其在投保时应按照降低的投保费率计算保险费用,而较低建筑标准的建筑物,其投保费率应高于一般费用。按照建筑标准实行不同的地震保险费率,既有利于提升建筑物质量,规范建筑行业,也可以减少"逆选择"现象的发生。[2]

当然,理论与实践很大程度上是不一致的。我国目前的建筑行业并没有对各个建筑实行统一的质量分类标准并进行分类,使投入使用建筑的各项质量记录遗失。在地震保险推行初期,法律法规可先规定对建筑物质量不同暂时适用统一的费率标准,在一段时间发展后再根据不同的建筑类型实行不同的投保费率,这样既可以快速的推行地震保险,也可以节约初期的研究成本。

---

〔1〕 根据地震模型,可以将中国的地震危险划分为五个区域,划分标准为过去475年一遇的地震强度(小于四级、四级、七级、八级、大于或等于九级)和存在的地震危险(很低、低、较高、高、很高)。

〔2〕 国际上较为可行的一种建筑物分类方法是按照建筑时间和建筑结构将建筑物分为四个等级:A级为建于1990年以后、水泥或钢结构建筑(满足建筑抗震国际标准GBJ-11-89);B级为建于1979~1990年、水泥或钢结构建筑(满足TJ11-78);C级为建于1979年以前、水泥或砖水泥结构建筑;D级为不区分建筑年限、砖木结构房屋和乡村民居。

3. 精算净费率

精算原则是在不同的地震保险区域、建筑等级,结合地震损害模型得出的原则,是厘定投保费率应遵循的基本准则。[1]

地震保险的主要功能在于防止因地震灾害给地方居民和企业造成毁灭性打击,提供基本保障。免赔额制度非常重要,免赔额高,则保险公司承担的赔偿责任少,降低投保人的投保热情;而免赔额过低,则导致保险公司所获利益少,且承担较大的风险,不利于保险公司发展。因此,在设定免赔额后,还要考虑利用投保费率的厘定来降低免赔额带来的负效应。同理,现阶段各国都主张较低的地震保险投保费率,则需要合理制定免赔额制度,减少低投保费率的负作用。[2]

日本、新西兰等国法律都将免赔额定在2%~5%,具有合理性。制定免赔额的作用是要减少保险公司的小额赔偿责任,降低运营成本,同时保证这些小额损失并不会超过居民的承担能力,不影响投保人对投保地震保险的热情。我国在制定免赔额时,应考虑到此因素,要借鉴国外的先进计算方法和技术,也要结合我国实际的损害和居民承受能力。

4. 厘定保险费率

保险公司根据经营保险所需管理成本和预期赔付所需资本成本,以及确定的免赔额和精算费率,计算出地震保险的净保险费率。净保险费率加上实际运营地震保险的各项其他费用和成本,减去政府政策支持的补贴、税收优惠减免,遵照法律的强制性规定,得出地震保险

---

〔1〕 瑞士再保险(Swiss Re)在未考虑保险条件、免赔额以及管理成本和资本成本的情况下,按建筑类型和所在区域不同,测算出的中国地震保险精算费率如下:A级建筑物从区域1至区域5分别为0.01、0.04、0.22、0.90、2.60;B级建筑物分别为0.01、0.06、0.36、1.40、4.30;C级建筑物分别为0.02、0.09、0.57、2.30、6.80;D级建筑物分别为0.03、0.14、0.84、3.30、9.30。

〔2〕 根据计算,免赔额的设定可以在不同程度上降低保险费率,具体的免赔率与费率折扣为:免赔率1%的,费率折扣为10%;免赔率2%的,费率折扣为20%;免赔率5%的,费率折扣为40%。见姚庆海:《巨灾损失补偿机制研究》,中国财政经济出版社2007年版,第484页。

的投保费率。

6.2.4 确定地震保险的险种、投保范围和承保方式

(一)地震保险的险种设计

地震保险的产生有其必要性。对于个人和企业的财产可以起到很好的保障作用,防止因地震灾害的发生破坏性地影响居民生活和经济发展;对政府而言可以缓解财政拨款的压力,避免影响政府各项事业资金的分配和发展速度;对金融市场而言可以降低地震灾害造成的巨大风险,减少金融危机的发生概率;对保险行业而言可以为保险公司开展新的保险业务,促进保险公司的发展。此外,开展地震保险,加之有效的法律支持,可以形成由个人、保险公司、国家组成的地震灾害风险分担体系和损害赔偿体系。

我国城市化进程较快,特别是改革开放后,地震灾害造成的损失多来自住宅损失。每次地震灾害发生后,首当其冲的是住宅,居民安置问题也是政府和救援组织首先需要解决的问题,而且市场化使很多住房都为居民个人所有,为私有财产,对此部分财产国家应提供保护措施。世界范围内的地震保险险种多以居民住宅保险为主,将居民住宅保险作为地震保险制度的核心内容,我国也应如此。以居民住宅保险为地震保险制度的基本和核心,按照不同的地震发生频率、经济承担能力、经济发展水平划分不同的区域,制定不同的保险费和保险金标准,并遵循强制性法律要求和国家政策法规。

(二)地震保险的承保范围和投保方式

地震保险的投保方式,目前有将其作为主险单独进行投保,和作为附加险进行投保的两种。正如上文所说,日本、新西兰、美国加州,包括我国台湾地区都采用的将地震保险作为附加险的方式进行投保。这是由于地震保险的偶然性、巨灾性等特点不符合保险大数法则的要求,如

果将其作为单独保险进行投保,将面临很多问题。而将地震保险作为附加险的优势在于:一方面,将地震保险放在财产险中可以减少很多专门从事地震保险业务的保险人员、节省财力和物力投入;另一方面,投保人投保一般财产并不一定希望投保地震保险,而将地震保险附加在一般保险中使得投保人必须增加一定量的保险费用,这有利于增加保费,强化保险公司承担赔偿责任的能力。此外,将地震保险作为非主险进行投保,有助于消除逆选择现象。

地震灾害一旦发生,必然造成严重损失,而我国目前财政并不能完全承担地震等自然灾害的赔偿责任。因此,我国可将地震保险的承保范围限缩在两个部分即家庭财产和企业财产。日本《地震保险法》将地震保险区分为家庭财产地震保险和企业财产地震保险,我国也可采用类似分类,利用国家政策支持和商业自主投保这两种途径,相互补充和支持,最大可能的抵御地震灾害,分散地震风险。

1. 家庭财产地震保险

家庭财产地震保险可继续细分为商业性地震保险和政策性地震保险两类。政策性地震保险为地震保险的基础和核心,其目标并非补偿地震灾害给被保险人造成的全部损失,而是使居民在发生地震后依然可以维持基本的生活,为灾后重建提供启动资金,这种政策性地震保险在地震常发地区应以法律明文规定的形式实行强制险,提供根本保障。投保人在投保强制性地震保险时,既可向承保政策性地震保险的保险公司(或其各地分公司)直接投保,也可向其他商业性保险公司承保,其他保险公司承保后再将该保险业务转交给政策性保险公司,并可收取一定的手续费用。商业性地震保险是政策性地震保险的补充,其设立的目的是为那些希望为自己的财产增加更多保障的投保人提供服务。当地震灾害发生时,投保商业性地震保险的被保险人可从保险公司处获得更多的赔偿。商业性地震保险并没有任何强制性要求,投保人可自由选择是否购买。

因此,现阶段我国地震保险应采用附加险的方式附加于家庭财产保险,居民同时购买了家庭财产保险和地震保险,既推广了地震保险的应用,也为保险公司承保地震保险提供了资金。但是,我国地震多发地区多集中在西部地区,经济发展缓慢,当地居民的经济承受能力有限,往往不愿意也无法承担保险费用较高的财产险。因此,未来有必要将地震保险从一般财产险中分离出来,既可以减少投保人的保险费用,也能够发挥地震保险在承保地震风险方面的作用。而且,单独设立地震保险,有助于对地震保险的宣传,提高居民投保地震保险的意识。[1]

笔者认为,在我国地震保险运营与地震保险法律制度都趋于完善后,相关制度在规定地震保险险种设计时,可选择不同的模式。在经济发展迅速、经济基础好、居民保险意识高的地区可适用单独地震保险险种和将地震保险附加在财产险中的保险险种,供居民选择;在经济发展缓慢、居民经济承担能力不强的地区可适用单独地震保险险种,既降低保险费用,也可以宣传地震保险,最大限度地发挥地震保险的保障作用。

2. 企业财产地震保险

企业财产与家庭财产不同。家庭财产主要为生活所用,相对于企业财产而言经济价值不高,而企业财产往往会包括一些先进的设备仪器,具备很高的经济价值,企业法人大多希望能对这些财产有更大的保障。[2] 因此对于企业财产地震保险而言,并不需要进行政策性的支

---

〔1〕 我国地震多发的地区大部分都属于中西部经济欠发达地区(如云南、新疆、四川),居民的收入水平不高,对保险费的经济承受能力和心理承受能力较差。而且我国居民的整体保险意识不高,我国目前真正投保家庭财产保险的不到10%,即使是处在保险前沿的上海,其家庭财产险投保率也不过7%。多数城市的家财险投保率则在5%以下,农村乡镇的家庭投保率则更是少之又少。

〔2〕 参见曾文革、张琳:《我国巨灾保险立法模式探讨》,载《上海金融学院学报》2009年第8期。

持,可完全采用商业模式。企业自由向保险公司投保,保险公司对投保费率、保险范围和程度、免赔额等项目自由制定,只要不违背法律的强制性规定,在获得保监会批准后即可施行。当然,非政策性的企业财产地震保险并不是完全不受国家支持,可在一定幅度内减少所得税和营业税,使保险公司能够利用更多的资金进行新的地震保险产品开发。此外,当发生重大地震灾害,保险公司无法完全赔偿企业财产损失时,政府可提供贷款或通过地震委员会等其他组织给予财政补贴,为承担地震保险的保险公司分摊损失。

目前世界各地震保险发达国家都没有对地震灾害造成的人员伤亡进行投保和承保活动,也没有相关的法律规定。其原因无外乎人的生命很难用金钱来衡量,如果将人员伤亡纳入到地震保险中,大大增加了地震保险运营的难度,也使得地震保险立法出现难以克服的障碍,如“同命同价”和“同命不同价”的问题。况且我国尚处于地震保险发展初期,在一些基本问题都没有解决的情况下,开展人员伤亡的地震保险业务无异于难上加难。

6.2.5 健全损害分摊机制,有效分散地震风险

汶川大地震后,灾后恢复重建资金来源主要渠道中,国家财政比例占到54%以上,国内募捐为18%,国际捐助为3%,而保险赔偿仅占0.4%。[1] 我们发现,地震灾害造成的损失很大程度上都是政府财政拨款进行救助,加之一些社会捐助,而应该起到保障作用的保险业却只承担很少的部分,其他类型的巨灾赔偿情况也是如此。这不仅不利于国

---

〔1〕 参见中国扶贫基金会:《汶川地震灾后重建工作报告》,2009年5月8日发布,载新华网。另见中华人民共和国民政部社会福利和慈善事业促进司、中华慈善捐助信息中心:《2008年度中国慈善捐助报告》,2009年3月10日发布,载《中国社会工作》2009年第9期。

家的经济建设,不能切实保障居民利益,对保险公司的发展和增强国际竞争力都是无益的。[1] 实际上,利用多层损害分摊机制是抵御地震灾害的有效措施。将地震灾害造成的损失分成不同的部分,在一定范围内由固定的组织承担相应的责任,形成由居民投保、保险和再保险公司承保、地震委员会进行补充赔偿、政府承担最后赔偿责任的保障体系。

(一)保险公司承保地震保险

保险公司在遵守法律和行业规定的前提下,对投保费率、保险金赔偿、免赔额等进行合理的计算并通过审核,为地震灾害提供基础保障,在灾害发生后承担赔偿责任。在发生地震灾害后,根据居民投保时的要求和保费的交纳情况进行理赔,国家为地震保险提供支持,减免保险公司运营地震保险业务的相关税费,保障地震保险功能的发挥。

地震保险抵御地震灾害的优势在于:第一,可及时有效的对被保险人进行赔偿。保险公司是专门运营保险的单位,其拥有专门的资金和专业人才,一旦保险事故发生,可进行及时的理赔,最大限度的弥补被保险人的损失。利用保险公司的行业优势承担地震保险,有利于居民的损害赔偿。第二,对地震保险的发展具有积极作用。市场是一个开放的竞争环境,可以使经营相似业务的各保险公司不断开发新的地震保险产品,提高服务质量,既有利于保护被保险人的利益,也促进了地震保险的不断完善。

发行地震债券是保险公司分散地震风险的方法之一,保险公司为可能发生的地震风险筹集赔偿资金,在灾害未发生时返利投资者。国外很早就采用了这种方法,美国巨灾债券即为损失融资市场上的重要

---

[1] 尤其是青海省等西部地区,由于经济发展相对滞后,政府财力不足,根本无力独自承担地震造成的巨大损失。同时,因为青海保险业尚处于发展的起步阶段,总量小、底子薄,加之保险需求不足,如单纯依靠保险积累资金偿付巨灾损失不符合其实际情况。

组成部分,对保险、再保险和公共部门的灾害解决方案起到了有效的补充作用。地震债券作为重要的地震风险管理工具涌现出来,其交易涉及到加利福尼亚、新马德里地震带、日本等地区和国家,并在墨西哥和土耳其等地震活跃地区快速发展。地震风险证券化的发展阶段也是资本市场不断完善和发展的过程。通过开展地震风险证券化的试点,配套相关制度和机制,可以起到进一步完善我国资本市场的作用。当然,发展地震债券除了资本市场发展程度的制约因素外,还有两个主要的限制:一是发行地震债券的成本较高。发行地震债券,保险公司需将相关信息公开,以便于投资者在购买地震债券前对地震风险进行了解和研究。但每次发行手续繁琐,需要大量中介机构,如巨灾模型公司、信用评级公司、投资银行等,保险人的费用开支巨大。二是流动性不高。过高的技术含量,尤其是投资人对特定发行公司承保的地震风险的了解程度,会限制地震风险连接证券的投资者范围,使其流动性比一般的债券低得多。我国可由银监会、保监会、证监会等组成专门机构对承担地震保险的保险公司进行考核,允许符合条件的保险公司发行地震债券,并制定相关规定进行约束。

(二)再保险公司承保地震再保险

从本质上说,再保险也是保险的一种,是地震保险损害分摊机制的重要一环。再保险的功能之一是分散保险公司承保地震灾害的风险,在灾害发生时为损害赔偿增加融资渠道,为投保人和被保险人的利益提供多一层的保护。再保险合同是与保险合同不同的独立合同,其约束了保险公司与再保险公司的权责,无论是否存在瑕疵、无效等合同纠纷,都不会影响保险合同的履行问题,在发生保险事故后,保险公司应按约承担保险责任。保险公司与再保险公司签订再保险合同,实际上是保险公司将所承担的地震风险部分转移给再保险公司,增加了融资渠道,同时也保证了保险公司的赔付能力,保护被保险人的权利。此外,地震灾害具有巨大风险,利用地震再保险对稳定地震保险业务、提高地震保险质量、科学地震风险管理等都有积极意义。地震再保险是连结国内、国际保险市场的连接点,开展地震再保险有利于引进国际再保险分散国内地震风险,加强赔偿能力,也有利于国内再保险公司登上国际舞台,参与国际竞争,发展地震保险业务,提高国内保险公司的国际竞争力。

目前,国内没有形成地震再保险市场,未来我国发展地震保险不可避免地要参与到国际再保险市场。国际再保险已经经历很长时间的发展,具有先进的风险管理手段和地震保险技术,我国在发展地震再保险时应予以借鉴使用。但是,从经济成本角度考虑,应当有限利用,其原因在于:一是国际地震再保险市场的实际价格远远大于充分竞争的价格。[1] 主要原因是国际再保险市场承保能力的不足推高了价格,而且地震灾害的高风险性使得再保险公司试图以高价格的形式降低其自身承保地震再保险的风险。[2] 二是几家大的再保险公司在产品定价、信用评级等各方面有优势,价格上很容易形成默契,我国也缺乏议价能力。

(三)地震委员会承担补充责任

地震委员会在地震保险中的作用主要分为两个部分,作为政府监管地震保险的执行部门和在灾害发生后参与损害赔偿,一般是由政府全资组建,是政府的组成部分。汶川地震后,国家成立了“国家汶川地震专家委员会”,由跨部门、多学科、老中青专家组成,目的在于总结汶川地震发生的原因、规律,为今后防震减灾工作提供科学意见,但其并

---

〔1〕 关于巨灾市场的完全竞争性有研究表明,国际巨灾再保险市场的实际价格远远大于充分竞争的价格,甚至有学者认为,有些阶段实际价格是充分竞争价格的 500%。

〔2〕 瑞士再保险公司市场调查表明,国际巨灾再保险一直处于不充足状态,集中表现在巨灾保费收入在非寿险总保费中的份额非常小,承保损失在实际巨灾总损失中的份额也很小。见瑞士再保险公司:《2000 年的自然灾害与人为灾祸》,载《sigma》2001 年刊。

不是固定的部门,也没有实质性地参与到地震损害赔偿中来。我国应成立常设性的地震委员会,其作用在于:第一,作为政府的执行部门监管保险公司和再保险公司承保、分摊地震保险的工作。地震保险作为特殊的保险类型,不能完全由市场调节,需要政府进行监管,地震委员会行使此职能可以规范地震保险市场,保障赔偿比例和效率。第二,在必要时参加损害赔偿。地震委员会负责地震保险基金的管理和投资,发生地震灾害后作为保险公司和再保险公司的补充,参与赔偿工作。新西兰政府成立地震委员会时投入了15亿新元的资金,该委员会在每次发生地震灾害后承担不超过2亿新元的赔偿责任。地震委员会在灾害发生时承担补充赔偿责任,起到缓冲作用,防止灾害的发生给政府财政造成过大的冲击。地震委员会与政府、保险公司形成的三层赔偿体系,对弥补损失和重建工作具有正效应。

(四)政府承担最后赔偿责任

根据不同级别的地震灾害,发生的时间和地区不同,造成的损失也不尽相同。一般地震灾害发生后,成熟的地震保险体系就可以充分地赔偿损失,地震委员会管理的地震基金在一定程度上也是对灾害损失的有力补充。但是,在发生巨型地震灾害或一段时间内连续发生几次大型的地震时,损失之大而无法由保险公司、再保险公司和地震委员会分担,这时候政府应作为最后责任人保障投保居民能够得到充分赔偿和重建工作的进行。因此,法律在对损害分摊机制进行规定的同时,对政府承担最终责任应有所体现。

建立多元化的地震灾害损害分摊机制有利于加强政府和市场之间的合作,相互监督和支持。这种多元化机制的建立,为政府利用保险分散地震风险提供手段,减轻了保险公司在地震灾害发生后的赔偿压力。[1] 国外目前的做法主要是三层分摊机制,即由保险公司和再保险

---

〔1〕 参见黄军辉:《巨型灾害保险法律制度的构建》,载《国家检察官学院学报》2007年第3期。

公司承担基础赔偿责任,在其赔偿能力范围内进行赔偿活动;当损害超过保险公司的赔偿能力时,由政府出资设立的地震委员会进行补充赔偿,赔偿资金来源主要是成立初期政府拨款和向社会募集等方式;而地震委员会在承担责任后仍不能完全赔偿地震灾害损失时,国家将承担最终责任。我国在制定地震保险法律制度时,可结合经济发展状况、国家地理环境、不同地区发生地震造成的损失差异等因素,对具体的额度进行规定。利用多元化的地震灾害损害分摊机制,有利于解决目前灾害发生后政府财政压力过大的问题,发挥政府财政投入的最大作用。而且,将保险公司和再保险公司等市场主体引入机制,有利于提高赔付效率,保证灾民的基本生活和灾区重建工作。

6.2.6　反思损失评估方法的不足并加以规范

科学的方法能够精确地评估每次地震发生后损失的数额,有助于政府进行合理的灾害预算,为立法机关修订《保险法》和起草《地震保险法》提供科学的数据基础。[1] 而且,对损失的评估方法进行规范,能够把握灾区的损害分布,有利于震后救援工作的进行及救援人员的安排。[2] 我国早在 20 世纪 80 年代就对地震灾害损失做出评估并出台了相关损失评估办法,包括《地震损失评定工作指南》和《震害评估细则》。[3] 为了加强对地震灾害评估方法的规范,在 2005 年又出台了《灾害直接损失评估》,将评估理论与实践相结合,用理论指导实践,以实践促进理论的完善和创新。[4] 典型案例如 2008 年汶川地震,国务院

---

〔1〕 参见尹之潜:《地震灾害损失预测研究》,载《地震工程与工程振动》1991 年第 4 期。

〔2〕 参见傅征祥:《城市系统地震灾害损失预测,评估和减灾对策研究纲要》,载《地震科技情报》1995 年第 1 期。

〔3〕 我国地震灾害的损失评估研究始于 1988 年山西大同—阳高地震。1990 年国家地震局颁布了《震害评估细则》和《震害调查及地震损失评定工作指南》,采取统一的评估方法。

〔4〕 参见唐彦东、于汐等编著:《风险分析和危机反应的创新理论和方法——中国灾害防御协会风险分析专业委员会第五届年会论文集》,成书于“风险分析和危机反应的创新理论和方法——中国灾害防御协会风险分析专业委员会第五届年会”,2012 年 10 月 27 日。

在灾后成立了专门的"汶川地震灾害专家委员会",直接评估灾害损失情况,而没有完全采用国家地震局提供的损害数据。[1] 原因在于国家地震局的直接经济损失评估并不代表地震造成的最终实际损失,需要对地震灾害的损失评估方法进行改进和完善。此外,地震造成的间接经济损失往往是直接经济损失的几倍,尚处于理论探讨阶段,缺乏实证研究。[2]

(一)对国外评估方法的分析

从20世纪60年代开始,美国、日本等地震多发的发达国家就已开始对地震灾害损害进行评估。在不断的摸索和尝试中,获得了很多对地震损害评估的方法和研究成果,为其他地震国家开展类似研究工作提供了理论基础和实践经验。[3]

1. 直接损失评估

自1990年之后,地震损害评估的基础主要为地震易损性和地震危险性分析,而缺乏对各种模型的研究。美国和日本目前采用的评估方法都为直接评估方法,没有考虑地震灾害造成的经济秩序混乱、发展停滞等间接损失。[4]

2. 间接损失评估

间接损失评估与直接损失评估相对应,通过对经验统计模型、经济学模型等模型的研究,得出地震灾害的经济损失总额。经验统计模型

---

[1] 参见吴今生:《汶川地震灾害损失评估工作中的几点建议》,载《四川地震》2008年第4期。

[2] See Okuyama Y.: Economic Modeling for Disaster Impact Analysis: Past, Present, and Future. *Economic Systems Research*. 2007, 19(2), pp. 115-124.

[3] 叶珊珊、翟国方:《地震经济损失评估研究综述》,载《地理科学进展》2010年第6期。

[4] 美国目前使用HAZUS-MH是以定量(PGM)代替了以往用MMI为地震特征参数,日本栗林荣一采用的是计算人员伤亡和财产损失的直接损失模型中的地面运动加速度反应谱分为两类,同时考虑城市人口密度。

是利用对以往地震灾害造成的损失进行总结,结合灾害对地区GDP的影响和统计出的直接经济损失。经济学模型主要是利用经济学知识对地震灾害进行评估,包括计量经济学模型、一般均衡模型(可计算)和投入产出模型。[1] 美国FEMA机构和日本地震评估学者Kawashima都尝试使用经验统计模型的方法对地震灾害进行评估,但GDP受到地震灾害的影响主要为间接性,且除地震外还有很多影响因素,具有很大的不确定性,很难提供准确的结果。[2] 我国地震评估专家也尝试使用经验统计模型的方法计算损失,如对2008年汶川地震的损失评估。但由于其方法本身的缺陷和缺乏足够的样本数据,使得测算出来的结果与实际损失出入较大。因此,在利用间接损失评估方法时,专家学者多建议使用投入产出模型。较经验统计模型而言,尽管这种方法也有一定的缺陷,但具有更高的确定性,也具有很大的改造空间。[3]

(二)应注意的问题

1. 市场价格和影子价格

地震灾害的损失往往是以货币的形式最终表现出来,受损物品的货币价格对于损失的评估至关重要,越真实的价格越能够提高评估的准确性。但是,真实价格很多情况下都会受到各种因素的制约,而影子价格更利于精确价格的评估。[4] 地震灾害发生后,如果此时的市场价

[1] 投入产出模型(Input-Output,I-O)由美国经济学家列昂替夫在20世纪30年代提出,后者因此获得诺贝尔经济学奖。美国防御分析研究所的Peskin第一次将投入产出模型运用到灾害经济学的研究中。

[2] 参见王晓青、何钧等:《地震灾害损失预测中的不确定性研究回顾》,载《震灾防御技术》2007年第1期。

[3] 参见劳承玉:《四川大地震的产业关联损失影响评估》,载《山东经济》2008第5期。

[4] 影子价格是基金公司根据估算的市场收益率计算出的各类债券的价格,反映了货币市场基金持有债券在现有市场情况下的价格水平。价格在完全竞争市场和完全理性经济人假设条件下等于市场价格、影子价值等于市场价值和机会成本。但在非完全竞争市场,或者当存在外部性、税收以及补贴等条件下,市场价格被扭曲,此时影子价格一般不等于市场价格。

格并不能代表真实货物的价值,无法与受损害商品的成本与未来收益呈正相关时,应该用影子价格代替市场价格,弥补市场价格由于政府补贴、税收减免等政策性帮助而产生与真实价值的不符情形。

2. 灾害损失的评估的重复计算

在一个范围较小的损害事件中,评估时不会轻易出现重复计算的问题,但是在地震灾害这种涉及较大地区的损害计算时,往往容易出现将已计算过的损失再次计算的可能。例如,地震灾害引起某商品产量下降,产量下降的损失可被计算在损失评估中,但产量下降引起的收入减少也可计算在损失评估中,这实际上是一种损失的两种计算方法。如果在进行地震灾害损失评估工作时将产品下降和收入减少都计算在内,则无异于将一种损失进行了两次计算,为重复计算。地震灾害的发生对金融业也产生严重的影响,如造成股票价格的下跌、银行呆账坏账率的提高等等,但这些“损失”并不是银行、金融公司自身的损失,而是地震直接损失的反映,是金融企业随风险变化而进行的收益调整。

3. 区域灾害损失评估

评估与实际计算损失不同,要使用某些计算方法,但在不同区域不应使用同样的计算方法,应区分不同区域间的损失差异。[1] 地震灾害在某地区发生,计算出来的损失并不是很大,而且在进行某地区外其他地区的重建工作时可弥补该地区的损失,则该地区的损失更小。对于整个国家而言,这种损失并未被减少,依然较大。一个国家的全部损失也不是各受灾地区损失的简单加和。因为一个地区受到地震灾害后,某些商品的产值降低,但对于其他生产同一类型的产品而言,竞争产品产量的降低可以为他们带来收益,使未受灾害地区获利。因此,对

[1] See United Nations:Economic Commission for Latin America and the Caribbean, World Bank. *Handbook for Est-markting the Socio-Economic and Environmental Effects of Disasters*. New York:United Nations Publications, 2003.

于整个国家而言,其受到的损失总和比受灾地区损失总和要小一些。

(三)如何规范

地震灾害造成的损失对市场产生不同程度的影响,根据影响是否具有市场价值可分为市场影响和非市场影响。具有市场影响的灾害损失可以在市场上体现出来,其价值能在市场上进行衡量和计算;不具有市场价值的影响很难或无法在市场上对其损害的价值进行衡量或计算。地震灾害造成的损失可分为流量损失和存量损失,流量损失是对产品流通的时间和利用效率等因素的损失,存量损失是指对产品现实的毁损、降低使用价值等的损失。实际上,区分流量和存量的损失是划分间接损失和直接损失的基础。因此,地震保险法律在对评估方法进行规范的时候,需要根据不同的影响因素对灾害损失进行相应的分类,使得国家地震局制定灾害损失评估方法时有适合的法律支持,有利于精确评估地震灾害造成的实际损失,使保险公司对地震发生风险的安排方案具有针对性,满足地震常发区的实际需要。同时为地震保险费率的厘定提供数据基础,使之趋于科学合理。

6.2.7　提高地震保险法律效力解决内部冲突

我国地震保险法律体系应以宪法为基石,制定地震风险专项法律针对具体问题进行规制,拟地震保险法的实施细则和部门规章为补充,同时结合其他部门法律和相关法规条文等法律性文件,形成一个由中央和地方共同组成的两级法律体系。实现以上设想,首先需要的是宪法支持。宪法主要进行原则性、根本性和基本性的权利义务规范,应增加建立地震等巨灾保险体系的规定,鼓励发展地震保险。[1] 其次需

〔1〕 将地震保险的思想纳入到社会保障体系、应急管理体系以及其他部门法中,使地震保险在国家根本法的指导下与各部门共同构成一个完整、有序的法律体系,达到最大限度地转移风险,保障人民生活安定和社会和谐的目的。

要的是针对地震保险的专项立法。根据我国地震灾害的概况和特征,对地震保险经营中所涉及到的包括交纳保险费,进行保险理赔等重要问题作出具体规定。[1] 宪法和专门法对地震保险的规定,解决了以往多散见于国务院各部门针对地震保险作出的“通知”“规定”效力低的问题,提高了地震保险法律的权威性,使地震保险业务在法律框架内进行。

由宪法和法律规定为先导,结合政府法规、部门规章、行业规范等制度支持,形成一个自上而下的法律体系。从而改变中国人民银行将地震作为保险的除外责任的情形,使地震保险业务涉及的各部门之间形成统一的安排和共同的利益考虑,解决上位法与下位法之间的法条冲突。

6.2.8 设定最高赔偿额解决有限资金问题

《地震保险法》中应包括对地震保险最高赔偿限额的规定。在地震保险发展的初期,各保险公司由于灾害赔偿的资金极为有限且参与度不高,设定最高赔偿额有利于提高保险公司承保地震保险的积极性,对确保居民可得到最低限度的生活保障也没有任何影响。而且,最高赔偿额的设定有利于将有限的资金最广泛的进行地震保险赔偿,使更多的居民受到地震保险的保障。日本等国家除规定最高赔偿限额外,还针对全损、半损、轻微损进行不同额度的保险金赔偿。这些措施虽然增加了被保险人的负担,使个人也需承担一定的灾害损失,但有利于确保地震赔偿金的有效使用和维护社会公平。有些居民拥有大量财产或希望在发生地震灾害后获得更好的赔偿,也可以通过向商业保险公司投

---

〔1〕 对地震保险的投保主体、投保方式、保险标的、承保范围、赔付标准、法律责任等各方面作出详细的规定。

保高额度的商业地震保险或财产保险地震附加险的方式寻求更多的灾害赔偿保障。

6.2.9　加强专项研究，增强防灾意识

地震保险可以为抵御地震灾害提供基本保障，在发生地震灾害后提供损害分摊和赔偿金支持，法律应对地震保险涉及的各项问题进行规定。但是，地震保险并不是万能的，法律应鼓励对地震灾害、地震保险等的专项研究，促进地震研究机构与地震保险公司的信息共享，加强不同部门间的合作，相互配合与支持。保险公司为地震研究机构提供相关数据，研究机构将这些数据进行整理、分类，并进行一系列的研究工作，将研究结果分享给保险公司，为保险公司厘定投保费率、承保范围、赔偿限额等奠定基础。[1] 此外，增强全民的防灾意识同样非常重要。防灾意识的提高有利于增加防震投资，提高建房质量和监理标准，减少地震发生后的损失。充分的震前防护措施可以大大减少灾害带来的损失，节约大量的保险赔偿金，降低赔偿成本。震前预防与震后赔偿结合更优于单纯的震后赔偿。[2]

6.3　既定目标

进行地震保险法律制度的研究，进行必要性和可行性分析，结合国外先进立法措施，提出我国立法路径，实现既定目标。

---

〔1〕 地震研究机构要建立保险业统一的风险分类和风险评价标准，建立地震危险数据库，收集、整理地震危险数据、经济价值分布数据、地震造成的经济损失和保险损失数据，建立地震危险模型，完善地震保险精算基础。

〔2〕 参见李俊、李涛：《论地震危险责任保险——从台湾地震引起的损失谈起》，载《保险研究》2000年第1期。

第一,建立地震保险法律制度,首要目的在于为灾区居民获得保险赔偿提供法律支持,避免因国家财政拨款的不及时和保险公司的不作为导致居民灾后基本生活得不到保障。维持灾后居民的基本生活和生产,是地震保险制度的根本,同时体现出地震保险法律制度的重要社会价值。最大限度的补偿地震损失是建立地震保险法律制度出发点和目标,需要我们法律人和相关技术人员的长期、共同努力。[1]

第二,建立地震保险法律制度有利于缓和地震灾害对国家财政的压力。在地震保险还没有承担对地震灾害赔偿的主要责任时,国家财政一直为主要的承担主体,地震灾害一旦发生对国家财政将产生强烈的临时性冲击。而即使国家在某些地区划拨的自然灾害财政拨款较少,地方政府也承担着较大压力,直接影响上交国家财政的地方税源,间接影响国家财政。而通过法律对地震保险行业的支持,为居民投保地震保险提供补贴,为保险公司承保地震保险提供政策支持和税收优惠,表面上是国家付出很多物力财力发展保险事业,实际上保险公司在地震灾害赔偿中为政府财政分担了大量的责任。此外,法律还将对地震再保险、地震债券等进行规定,有利于将国内的地震风险分散到国际市场和资本市场,进一步弱化对国家财政的冲击。

第三,建立地震保险法律制度有利于促进国内保险业的发展。建立地震保险制度,明确了保险公司在承保地震保险时的权利义务关系,对保险公司所享受的利益进行了规定。[2] 通过国家政策性支持、

〔1〕 但是应加以注意的是,保险和损失补偿程度应根据投保人的经济条件、各地区地震危险程度以及国家、政府的财政承受能力加以确定并适时进行调整。

〔2〕 有学者认为保险公司在采取政策性地震保险业务的情况下,不应以营利为目的,在国家一定政策的支持下,其地震保险费率的厘定只包括风险费率和必要的费用增加,而不应包括利润收益;保险公司对地震保险部分的保费收入应单独列账、单独管理,与其他的商业保险业务相分离。笔者认为,在制定地震保险法律制度时,可适当考虑保险公司的获利情况,不应完全禁止。这样既有利于提高保险公司承保地震保险的积极性,也为保险公司获得一定的资金进行新产品的开发和增强赔偿能力。

税费优惠，确立了由政府、地震委员会、保险公司和再保险公司、居民自承担范围等多层次的损害分担机制，分散了保险公司承保地震保险的巨大风险，避免因地震灾害发生给保险公司造成过大的冲击。地震保险法律制度为居民提供保障，也为承保地震保险的保险公司提供保障，有利于保险公司的发展和创新。[1]

〔1〕 参见姚庆海：《巨灾损失补偿机制研究》，中国财政经济出版社2007年版，第511页。

结　语

未来的地震保险法应明确地震保险制度的主要内容,具体包括:第一,保障范围为全国城镇居民和农村居民自有的住宅的主体建筑。第二,保险费率由国家地震委员会和承保地震保险的保险公司共同厘定。各地以区域地震发生概率和住宅类型为调节因子,确定具体费率表,经国家地震委员会审核同意后备案。第三,承保主体为保监会认可的保险公司。第四,在查勘定损方面,根据被保险人的索赔申请,由承保公司、住宅所在社区和有关专业部门共同进行损失的认定。第五,在赔款发放方面,由保险公司根据查勘定损的结果将赔款支付给被保险人。第六,超赔机制。该机制与国外的"三层分摊""五层分摊"的原理相同,即将地震灾害的损失分散给多部门,集社会之财解灾害之殇。具体可分为投保人与保险公司、保险公司与再保险公司、保险人与保险行业协会、保险行业协会与地方政府、地方政府与国家政府等,一环扣一环,分层的方法可将地震灾害损失在不同部门间分流,每层都自负一定的损失,既承担了地震灾害的损失,也不会使某一保险公司或其他个人、单位因承担过多的损失而难以维计。第七,在部门配合方面,银行要把住宅地震保险作为发放住宅抵押贷款的基本条件。住宅产权登记部门要把住宅地震保险作为产权转让和买卖的基本条件。第八,责任强制。国家强制要求建筑责任方购买建筑质量保险等责任保险,以减少地震保险面临的道德风险。对因建筑质量达不到应有的抗震设防标准而损毁的建筑物,保险公司在对住宅所有人先行赔付之后,有权向建筑责任方代为追偿。

实施细则的制定和部门规章的完善。地震保险法律制度有许多复杂的规定,这些规定无法在法律制度中完全展开,而实施细则能将这些规定进行细化和具体,主要包括地震保险的回调机制、税收优惠、地震保险基金的筹集与管理、再保险、地震保险证券化等方面。国家层面立法和地方立法相结合。各地方政府可以根据各自的立法权限,结合本地区所面临的具体情况,制定与国家层面地震保险法相适应的地震保险制度,将地震保险法没有规定的地方进行规制,对地震保险法规定不细致的地方进行完善,使国家法律和地方实际情况进行很好的契合。地方税收法规为调动群众投保地震保险的积极性进行配套,考虑到住宅是地方政府的潜在税源,由地方财政对住宅地震保险特别是农民和城镇低收入居民住宅地震保险给予适当保费补贴。保险公司开展住宅地震保险的收入从保险公司流转税税基中扣除。对地震保险基金的全部收入免税。

配合地震保险法律制度的实施,应出台一些地震保险相关的金融创新配套制度:第一,资本市场的金融创新规范制度,如巨灾风险证券化、地震基金的运作规范等;第二,地震彩票的相关管理规范制度;第三,财政授信问题的相关规定;第四,对住房维修基金相关管理规定的修改;第五,其他与建立后地震保险制度不符合的法律法规的适当调整。

地震灾害防御标准体系的研究和建立对指导全国性地震灾害防御工作的有序发展,提高各行各业抗震能力,保证人民群众的生命财产安全至关重要。在地震保险法律框架内,由财政部、保监会等政府部门出台一些标准、规范和配套制度,如建设住宅用房抗震标准等。

保险作为现阶段社会中最为有效的分散风险措施,其对一国政治、经济都具有十分重要的作用。保险公司提供的保险服务不仅为个人、企业财产安全提供保障,也成为国家抗震救灾的重要手段。制定地震保险法律制度,完善相关法规、规章、行业规范,建立地震保险法律体系,既有利于发挥保险在地震灾害中的基础保障作用,健全国家风险管理体系,也有利于国家经济发展和社会安全稳定。

参考文献

一、主要中文著作：

1. 李玉泉：《保险法》，法律出版社 2003 年版。

2. 沙银华：《日本经典保险判例评释》，法律出版社 2002 年版。

3. 杨华柏：《保险纠纷典型案例评析》，人民法院出版社 2004 年版。

4. 邹海林：《责任保险论》，法律出版社 1999 年版。

5. 史尚宽：《民法总论》，中国政法大学出版社 2000 年版。

6. 黄华明：《风险与保险》，中国法制出版社 2002 年版。

7. 林宝清：《保险法原理与案例》，清华大学出版社 2006 年版。

8. 邓成明：《中外保险法律制度比较研究》，知识产权出版社 2002 年版。

9. 马永伟:《各国保险法规制度对比研究》,中国金融出版社 2001 年版。

10. 江朝国:《保险法基础理论》,中国政法大学出版社 2002 年版。

11. 邱聪智:《从侵权行为归责原理之变动论危险责任之构成》,中国人民大学出版社 2006 年版。

12. 张新宝、陈飞:《汽车第三者责任强制保险制度研究报告》,法律出版社 2005 年版。

13. 孙祁祥主编:《保险学》(第 2 版)北京大学出版社 2003 年第 3 版。

14. 陈欣:《保险法》,北京大学出版社 2000 年版。

15. 梁宇贤:《保险法实例解说》,中国人民大学出版社 2004 年版。

16. 吴庆宝:《保险诉讼原理与判例》,人民法院出版社 2005 年版。

17. 吴定富主编:《中国责任保险发展论坛》,中国建筑工业出版社 2005 年版。

18. 吴定富:《保险原理与实务》,中国财政经济出版社 2005 年版。

19. 曾国安:《灾害保障学》,湖南人民出版社 1998 年版。

20. 李经中:《政府危机管理》,中国城市出版社 2003 年版。

21. 孙钰、陶志梅:《公共经济学》,经济科学出版社 2008 年版。

22. 魏华林、林宝清:《保险学》,高等教育出版社 2003 年版。

23. 张洪涛:《保险经济学》,中国人民大学出版社 2006 年版。

24. 谢志刚、韩天雄:《风险理论与非寿险》,南开大学出版社 2000 年版。

25. 胡政、孙昭民:《灾害风险评估与保险》,地震出版社,1999 年版。

26. 贾康、刘尚希:《公共财政与公共危机》,中国财政出版社 2004 年版。

27. 刘茂山:《保险发展学》,中国金融出版社 2005 年版。

28. 裴光:《中国保险业竞争力研究》,中国金融出版社 2001 年版。

29. 赵苑达:《再保险学》,中国金融出版社 2003 年版。

30. 段昆:《当代美国保险》,复旦大学出版社 2001 年版。

31. 范健:《商法》,高等教育出版社、北京大学出版社 2002 年版。

32. 王保树:《中国商事法》,人民法院出版社 1996 年版。

33. 石兴:《保险产品设计原理与实务》,中国金融出版社 2006 年版。

34. 粟芳:《非寿险精算》,清华大学出版社 2006 年版。

35. 李勇权:《巨灾保险风险证券化研究》,中国财政经济出版社 2005 年版。

36. 姚庆海:《巨灾损失补偿机制研究——兼论政府和市场在巨灾风险管理中的作用》,中国财政经济出版社 2007 年版。

37. 周林彬、任在行:《比较商法导论》,北京大学出版社 2000 年版。

38. 梁慧星:《民法总论》,法律出版社 2001 年版。

39. 梁慧星:《从近代民法到现代民法》,中国法制出版社 2000 年版。

40. 梁慧星:《民法解释学》,中国政法大学出版社 1995 年版。

41. 龙卫球:《民法总论》,中国法制出版社 2002 年版。

42. 徐卫东:《保险法论》,吉林大学出版社 2008 年版。

43. 邹海林:《保险法教程》首都经济贸易大学出版社 2002 年版。

44. 刘新立:《风险管理》,北京大学出版社 2006 年版。

45. 王和:《我国地震保险制度研究》,中国财政经济出版社 2009 年版。

46. 史培军:《中国自然灾害系统地图集》,科学出版社 2003 年版。

47. 樊启荣:《保险法论》,中国法制出版社 2001 年版。

48. 贾林青:《保险法》,中国人民大学出版社 2007 年版。

49. 孙祁祥:《保险学》,北京大学出版社 2004 年版。

50. 张洪涛、郑功成主编:《保险学》,中国人民大学出版社 2008 年版。

51. 肖梅花:《保险法新论》,中国金融出版社 2000 年版。

52. 梁宇贤:《保险法新论》,中国人民大学出版社 2004 年版。

53. 王国军:《保险经济学》,北京大学出版社 2006 年版。

54. 覃有土:《保险法教程》,法律出版社 2002 年版。

55. 覃有土,樊启荣:《保险法学》,高等教育出版社 2003 年版。

56. 王利明:《合同法分则研究》(下卷),中国人民大学出版社 2013 年版。

57. 王利明:《民法总则研究》,中国人民大学出版社 2003 年版。

58. 王利明、崔建远:《合同法新论——总则》,中国政法大学出版社 2000 年版。

59. 王利明主编:《中国民法案例与学理研究(侵权行为篇 亲属继承篇)》(修订本),法律出版社 2003 年版。

60. 刘京生:《保险理论实务研究》,中国社会科学出版社 2003 年版。

61. 汪汉忠:《灾害、社会与现代化》,社会科学文献出版社 2005 年版。

62. 许崇苗、李利:《中国保险法原理与适用》,法律出版社 2006 年版。

63. 刘建勋:《保险法新型疑难案例判例》,法律出版社 2007 年版。

64. 魏迎宁主编:《保险法精要与依据指引》,人民出版社 2006 年版。

65. 温世扬主编:《保险法》,法律出版社 2007 年版。

66. 徐卫东:《保险法学》,科学出版社 2004 年版。

67. 郭明瑞:《民法》,高等教育出版社 2003 年版。

68. 魏振瀛:《民法》,北京大学出版社,高等教育出版社 2000 年版。

69. 李建华,彭诚信:《民法总论》,吉林大学出版社 1998 年版。

70. 崔建远:《合同法》,法律出版社 2007 年版。

71. 张文显:《法哲学范畴研究》,中国政法大学出版社 2001 年版。

72. 张文显:《法理学》北京大学出版社、高等教育出版社 1999 年版。

73. 张文显:《二十世纪西方法哲学思潮研究》,法律出版社 2006 年版。

74. 陈继尧:《再保险实务研究》,三民书局 1976 年版。

75. 陈继尧:《再保险论——当前趋势与形态研究》,三民书局 1993 年版。

76. 桂裕:《保险法》,三民书局 1984 年版。

77. 王泽鉴:《民法学说与判例研究》(第 1~8 卷),北京大学出版社 2009 年版。

78. 王泽鉴:《债法原理》,中国政法大学出版社 2001 年版。

79. 王泽鉴:《民法总则》,中国政法大学出版社 2001 年版。

80. 王泽鉴:《法律思维与民法实例》,中国政法大学出版社 2001 年版。

81. 林勋发:《保险契约效力论》,今日书局 1996 年版。

82. 刘宗荣:《保险法》,三民书局 1995 年版。

83. 施文森:《保险法总论》,三民书局 1994 年版。

84. 袁宗蔚:《保险学——危险与保险》,首都经济贸易大学出版社 2000 年版。

85. 郑玉波:《保险法论》,三民书局 2001 年版。

二、主要中文译著：

1.［英］史密斯著：《责任保险》，陈彩芬译，中国金融出版社 1991 年版。

2.［美］康斯坦斯 · M. 卢瑟亚特：《财产与责任保险原理》（第 3 版），英勇、于小东译，北京大学出版社 2003 年版。

3.［美］小肯尼思 · 布莱克等：《财产和责任保险》，陈欣总校，陈欣等译，中国人民大学出版社 2002 年版。

4.［美］Steven Shavell：《事故法的经济分析》，翟继光译，北京大学出版社 2004 年版。

5.［美］Georges Dionne，Scott E. Harrington：《保险经济学》，王国军，马兰等译，中国人民大学出版社 2005 年版。

6.［美］詹姆斯等：《风险管理与保险》（第 12 版），北京大学出版社 2006 年英文影印版。

7.［美］布坎南：《公共产品的需求与供给》，马珺译，上海人民出版社 2009 年版。

8.［美］萨缪尔森、诺德豪斯：《经济学》，萧琛译，商务印书馆 2014 年版。

9.［美］乌尔里希 · 贝克：《风险社会：新的现代性之路》，何博闻，张文杰译，译林出版社 2015 年版。

10.［日］滕五晓、加藤孝明、小出治编著：《日本灾害对策体制》，中国建筑工业出版社 2003 年版。

11.［日］田边康平：《保险契约法》，廖淑慧译，台北财团法人保险事业发展中心 1993 年版。

12.［英］约翰 · 斯蒂尔：《保险的原则与实务》，孟兴国译，中国金融出版社 1992 年版。

13. [美] 小哈罗德·斯凯博:《国际风险与保险:环境——管理分析》,荆涛等译,机械工业出版社 1999 年版。

14. [美] 吉帕·维斯库斯等著:《反垄断与管制经济学》,陈甬军等译,机械工业出版社 2004 年版。

15. [美] 约翰·道宾:《美国保险法》,梁鹏译,法律出版社 2008 年版。

三、主要中文期刊:

1. 魏华林:《中国南方雪灾损失与保险补偿问题研究》,载《保险研究》2008 年第 3 期。

2. 中国保险年鉴编委会:《中国保险年鉴 2006》。

3. 世界经济论坛:《2007 年全球风险报告》,载《全球风险网络报告》,2007 年。

4. 单浙明:《论建立我国巨灾保险保障体系》,载《保险研究》2006 年第 4 期。

5. 王德宝、王国军:《我国农业保险的发展成就、存在问题及对策建议》,载《上海保险》2014 年第 6 期。

6. 慕尼黑再保险公司:《重大自然灾害的理赔管理》,2005 年。

7. 张庆洪、葛良骥:《巨灾风险转移机制的经济学分析》,载《同济大学学报》(社会科学版)2008 年第 7 期。

8. 宫兵:《对巨灾风险管理相关问题的探讨》,载《保险研究》2008 年第 10 期。

9. 曾立新:《对建立中国一体化巨灾保险体系的再思考》,载《中保险报》2008 年 9 月 26 日版。

10. 吴定富:《努力发挥保险在巨灾风险管理中的作用,为社会主义和谐社会建设作贡献》,载《保险研究》2008 年第 4 期。

11. 王和:《我国城市居民住宅地址保险解决方案》,载《中国保险报》2008 年 6 月 16 日版。

12. 王艳:《建立我国巨灾保险基金》,载《中国保险报》2008 年 6 月 11 日版。

13. 刘丽、代宏霞:《中国自然灾害保险风险度综合评判与区别》,载《山地学报》2004 年第 7 期。

14. 杨林:《再保险业巨灾债券发售活跃》,载《中国保险报》2009 年 11 月 23 日版。

15. 民政部:《2008 年中国慈善捐助报告》,2009 年 3 月 11 日版。

16. 闫威:《美国酝酿改革国家洪水保险计划》,载《中国保险报》2008 年 7 月 18 日版。

17. 许婀:《当前制度下巨灾保险产品准备金计提的缺陷及完善》,载《保险研究》2008 年第 10 期。

18. 石兴、黄崇福:《自然灾害风险可保性研究》,载《应用基础与工程科学学报》2008 年第 16 期。

19. 孙祁祥:《"可保性风险":保险业务发展之根基》,载《中国保险报》2010 年 5 月 11 日版。

20. 中国扶贫基金会:《汶川地震灾后重建工作报告》,载"新华网"2009 年 5 月 8 日版。

21. 2005 年日本神户联合国世界健在会议文件:《加强国家和社区的抗灾能力,2005~2015 年兵库行动框架》,2005 年。

22. 陶君丽、光春云:《1303 年洪洞地震的赈灾对策》,载《中国地震》2004 年第 9 期。

23. 施建祥、邬云玲:《我国巨灾保险风险证券化研究——台风灾害债券的设计》,载《金融研究》2006 年第 5 期。

24. 中国人保财险灾害研究中心:《巨灾保险制度的国际经验》,载《中国保险》2014 年第 7 期。

25. 王和:《建立我国巨灾保险制度的思考》,载《中国金融》2005 年第 7 期。

26. 王和:《中国地震保险方案研究》,载《保险研究》2008 年第 6 期。

27. 王和:《中国地震保险制度建设路线图》,载《中国金融》2008 年第 13 期。

28. 王和:《我国家庭财产保险问题研究》,载《保险研究》2008 年第 3 期。

29. 周国强、董保华:《我国综合健在组织管理体系和运行机制探讨》,载《防灾科技学院学报》2009 年第 6 期。

30. 张兰:《政策性农房保险浙江探秘》,载《金融时报》2008 年 10 月 6 日版。

31. 郑伟:《地震保险:国际经验与中国思路》,载《保险研究》2008 年第 6 期。

四、主要外文著作:

1. Springer/Gerhard Wagner, Tort law and liability insurance. New York, 2005.

2. Peter M. Lencsis, Insurance regulation in the United States: an overview for business and government. Westport, Comm. , 1997.

3. Malcolm Clarke, Policies and Perceptions of Insurance Law in the Twenty-first Century. New York: Oxford University Press, 2005.

4. Michael Faure. Springer-Verlag, Deterrence, Insurability, and Compensation in Environmental Liability: Future Developments in the European Union, 2003.

5. Jeffrey C. Brown, Professional Negligence and Insurance Law. London: LLP, 1994.

6. G. C. A. Dickson, Risk and Insurance, The Chartered Insurance Institute, 1993.

7. Schulz, The Economics of Being Poor, 1979.

8. Dwight M. Jaffee, T. Russel, Catastrophe Insurance, Capital Markets, and Uninsurable Risks, May 1996.

9. Broch K., Economics of Insurance, North Holland Amsterdam, 1990.

10. Eugene, Catastrophe Risk Management at the Country Level: International Experience, Papers to The 2nd Seminar on Risk Management in China, April 2008.

11. Swiss Re, Sigma, Second Edition, 2007.

12. Munich Re, Topics: Natural Catastrophes, 2002.

13. Dobbyn J. F., Insurance Law in a Nutshell, Cleveland OH USA, Thomsom West, 2007.

14. Insurance Asspciation of France, Annual Report of Insurance, 2000.

15. Swiss Re, Sigma, First Edition, 2008.

16. Munich Re, Topics: Natural Catastrophes 2006 Analyses, Assessments, Positions, 2007.

17. Huang C. F., The Basic Principle of Integrated Risk Assessment, Atlantis Press, 2007, 1-6.

18. United States Governments Accountability Office, Natural Disasters Public Policy Options for Changing the Federal Role in Natural Catastrophe

Insurance,2002.

19. Howard Kunreuther, Cecilia Yen Koo, Catastrophe Insurance Challenges for the U. S. and Asia,Paper to be Presented at 1st International Conference on Asian Catastrophe Insurance Innovation and Management, Kyoto University,December 2007.

20. J. Mack Robinson, Managing Large-scale Risks in a New Era of Catastrophe-insuring, Mitigating and Financing Recovery from Natural Disasters in the United States, Wharton University of Pennsylvania, Insurance Information Institute, Mar. ,2008.

21. Paul K. Freedom, Government Natural Catastrophe Insurance Programs, Conference on Natural Catastrophe Insurance Programs, 22 - 23, Nov. 2003.

22. Arthur Charpentier, Insurability of Climate Risks, the International Association for the Study of Insurance Economics 1018-5895/08, The Geneva Papers,2008,33(91-109),2008.

23. "Managing Flood Losses: An International Review of Mitigation and Financing Techniques", Part1, CPCU Journal,2001.

24. Guy Carpter & Company, Natural Hazards - Review of the Year 2001,2002.

25. Brehm, Gluck, Kreps, Enterprise Risks Analysis, Guy Carpenter & Company, LLC, New York,2007.

26. Munich Re, Geographical Undewriting - A Central Component of Risk Management, Topics Geo Annual Review: Natural Catastrophes,2005.

27. Ronald T. Kozlowski Towers Perrin, An Introduction to Catastrophe Mode and Catastrophe Issues, The Journal of Risk and Insurance,2005.

28. The Association of British Insurer, The Financial Risks in the Cli-

mate Change, Sept. 2009.

29. Munich Re, Topics geo: Geographical Underwriting - Applications in Practice, 2001.

30. Swiss Re, Flood-an Insurable Risks, 1998.

31. Swiss Re, Floods are Insurable, 2002.

32. Paul, Friedsam, Solutions for the Poorly Insured or Uninsured World, 2003.

33. Munich Re, Increasing Intensity and Costs of Natural Catastrophes-Is this a Long Term Trend?, Topics Geo Annual Review: Natural Catastrophes, 2005.

34. Swiss Re, Sigma, Second Edition, 2009.

35. Craig Churchill, Protecting the Poor, A Microinsurance Compendium, 2006.

36. Rustam Ibragimov, Dwight M. Jaffee, and Johan Walden, Non-Diversification Traps in Markets for Catastrophic Risk, Paper Presented at the National Bureau od Economic Research Insurance Group Meetings, Feb. 2006.

37. J. David Cummins, Doherty N., Can Insurers Pay for the "Big One" Measuring the Capacity of an Insurance Market to Respond to Catastrophic Losses, Journal of Banking and Finance, 98-11-B p. 2, 2002.

38. RMS, The 1998 Ice Storm: 10 Years Retrospective, 2008.

39. Katharina Thywissen, Components of Risk, A Comparative Glossary, Publication Series of UNU-EHS, No. 2/2006.

40. Munich Re, Knowledge, Series. Megacities - Megarisks, Trends & Challenges for Insurance and Risk Management, Jun. 2009.

图书在版编目(CIP)数据

我国地震保险法律制度研究 / 夏庆锋著. -- 北京 : 法律出版社, 2019

ISBN 978-7-5197-3982-9

Ⅰ. ①我… Ⅱ. ①夏… Ⅲ. ①地震保险-保险法-研究-中国 Ⅳ. ①D922.284.4

中国版本图书馆 CIP 数据核字(2019)第 244118 号

我国地震保险法律制度研究
WOGUO DIZHEN BAOXIAN FALÜ ZHIDU YANJIU

夏庆锋 著

策划编辑 王沁陶
责任编辑 王沁陶
装帧设计 鲁 娟

出版 法律出版社
总发行 中国法律图书有限公司
经销 新华书店
印刷 北京建宏印刷有限公司
责任校对 王沁陶
责任印制 张建伟

编辑统筹 辞书 · 融出版编辑部
开本 A5
印张 6.875
字数 175 千
版本 2019 年 11 月第 1 版
印次 2019 年 11 月第 1 次印刷

法律出版社/北京市丰台区莲花池西里 7 号(100073)
网址/www.lawpress.com.cn
投稿邮箱/info@lawpress.com.cn
举报维权邮箱/jbwq@lawpress.com.cn
销售热线/400-660-8393
咨询电话/010-63939796

中国法律图书有限公司/北京市丰台区莲花池西里 7 号(100073)
全国各地中法图分、子公司销售电话:
统一销售客服/400-660-8393/6393
第一法律书店/010-83938432/8433　西安分公司/029-85330678　重庆分公司/023-67453036
上海分公司/021-62071639/1636　深圳分公司/0755-83072995

书号:ISBN 978-7-5197-3982-9　**定价**:49.00 元
(如有缺页或倒装,中国法律图书有限公司负责退换)